ZERO TO ONE

知识即模型，人工智能时

知识营销

从零到一

打造品牌超级用户

余江 | 编著

广东旅游出版社
GUANGDONG TRAVEL & TOURISM PRESS
悦读书·悦旅行·悦享人生

中国·广州

图书在版编目（CIP）数据

知识营销：从零到一打造品牌超级用户 / 余江编著. —广州：广东旅游出版社，2023.5
ISBN 978-7-5570-3047-6

Ⅰ. ①知… Ⅱ. ①余… Ⅲ. ①市场营销学 Ⅳ. ①F713.50

中国国家版本馆 CIP 数据核字（2023）第 084772 号

出 版 人：刘志松		装帧设计：辰征·文化	
策划编辑：彭　超		责任校对：李瑞苑	
责任编辑：宁紫含		责任技编：冼志良	

知识营销：从零到一打造品牌超级用户
ZHI SHI YING XIAO: CONG LING DAO YI DA ZAO PIN PAI CHAO JI YONG HU

广东旅游出版社出版发行
（广州市荔湾区沙面北街71号首层、二层）
邮　　编：510130
电　　话：020-87347732（总编室）　020-87348887（销售热线）
投稿邮箱：2026542779@qq.com
印　　刷：三河市华东印刷有限公司
地　　址：河北省三河市燕郊汇福路68号
开　　本：787mm×1092mm　1/16
印　　张：20.5
字　　数：280千字
版　　次：2023年5月第1版
印　　次：2023年5月第1次印刷
定　　价：68.00元

［版权所有　侵权必究］
本书如有错页倒装等质量问题，请直接与印刷厂联系换书。

前 言
PREFACE

当16世纪英国等少数欧洲国家进入工业经济时代，资本主义工业化让这些国家获得了人类经济和文明的巨大领先。到今天仍然是这样的局面，少数先进国家和族群的知识经济进化程度将成为地区与地区，国家与国家、民族与民族之间的核心竞争力。

知识经济的繁荣不是取决于资源、资本、机器、劳动力的数量和规模，而是以知识技术特别是数字化和人工智能决定的。数字经济时代只是人类迈向新经济增长的开始，例如利用大数据对个人和社会进行全面的优化和创新。当数字经济让社会生产、生活、分配等领域效率提高的同时，也将产生大量细节。我们将从"大数据时代"转向"全量数据时代"。这要求我们建立有用的模型，通过人工智能从海量杂乱的数据中萃取出有用的信息，可以说世界所有知识即是一个个由人类精心凝聚的模型。

之后，人类社会才会真正进入知识经济时代。如何利用已有的知识体系通过因果关系，逻辑推理，经验判断亦或灵光一现的直觉，来预测未来的趋势以求获得发展先机才是知识经济的领先之处。所以知识经济是数字经济和人工智能的升级，知识终将成为人类经济活动最重要依赖与成果。

随着知识经济时代的来临，消费者对高技术含量的产品和与产品相关的性能、选购方法及使用和保养等知识的需要越来越强烈，品牌企业的产品和服务就必须知识化，因此知识营销应运而生。在知识经济时代，知识营销必然有着广阔的发展前景。随着国民受教育程度普遍提高，相比于此前快餐式和娱乐化的营销方式，消费者越来越愿意接受能够带来知识增长的营销内容，企业也越来越重视通过知识营销的方式获取用户好感。

知识营销在中国正在萌芽，知识营销界也必将衍生出许多新的营销管理方向、方式、方法。但现实情况是，当下无论从理论知识到实际操作，从思维逻辑到创新意识，从名词术语到真实案例，都没有一本综合性图书来对知识营销体系进行系统化的梳理，对行业话题进行探讨和思考。

笔者通过自身 20 余年互联网营销工作经验，敏锐观察到这一商业趋势，愿意对知识营销领域进行抛砖引玉。经过复旦大学管理学院系统学习并得到罗振宇的指点，建立了对知识营销的一系列方法论，也借鉴了一些平台的培训资料撰写了此书。希望读者可以通过对此书的学习，系统了解知识营销的原理、方法和案例，从零到一打造属于自己品牌的超级用户，让此书成为从业人员达到可自学、可复制的的营销工具书。其中知识营销"4K 理论"由笔者在营销界首次提出，是对产品或服务为用户建立起多维度的塑造知识方法体系，用知识分享方式建立品牌与用户之间有长期生命力的、长期互动、相互成长关系的总结思考。

自从 ChatGPT 出现，人工智能在发掘、整理和生产知识内容方面体现出的超级能力，让我们看到了以知识和高科技为支撑的互联网人工智能在经济活动中革命性影响。笔者认为：营销活动是人类经济活动的重心。当营销信息和内容的呈现方式转向以知识为主导的时代，未来不管我们打开手机、电脑还是 VR 游戏，知识营销内容以及和知识相关的资讯将无处不在，我们将在席卷而来的知识经济浪潮中开启一个更加广阔的发展空间，企业和品牌懂得如何营销自己的知识模型方可在人工智能时代获得先机。

余江

2023 年 3 月 19 日于广州

目 录
CONTENTS

PART 1 绪论

知识营销产生的市场背景 / 2

高噪音时代知识营销的价值 / 9

链接超级用户——知识营销的品牌新使命 / 12

PART 2 知识营销的市场定位和商业效率

知识营销本质是一种精神服务 / 18

知识营销目的不是做老师，而是成为用户的专业"幕僚" / 23

知识营销的策划方法和知识体系框架搭建 / 27

知识营销产生的商业效率 / 38

PART 3 如何运用知识和话题营销产品和服务

知识营销的内容准备 / 52

知识营销的内容创作 / 63

如何透过知识话题和目标用户沟通 / 107

PART 4　如何让知识营销变得吸引人

用"产品人"思维把握消费者的问题和需求 / 122

用"策展人思维"把最吸引人的知识精选展出给消费者 / 127

用"刀客思维"重塑消费者认知 / 132

用"心理咨询师思维"走进消费者内心世界 / 136

PART 5　知识营销工具和私域管理

知识营销的工具与平台 / 145

知识营销私域管理 / 162

PART 6　个人型知识博主变现和发展路径

知识博主兴起 / 188

知识博主的价值 / 194

知识博主 IP 打造 / 201

知识博主品牌推广 / 208

知识博主的几种变现方式 / 214

PART 7 如何搭建和管理知识营销团队

知识营销团队搭建的意义 / 230

知识营销人才选择和任用 / 237

知识营销人才的培养和激励 / 254

知识营销人力资源的整合 / 270

PART 8 著名品牌知识营销案例

特仑苏:"知识营销"打造的刷"瓶"案例 / 275

米其林指南:一本在轮胎上行走的"法国小红书" / 280

奥迪:用汽车发动机煎牛排这事靠谱吗? / 284

苹果电脑:知识赋予品牌价值 / 288

《路易威登城市指南》,挖掘当地文化的极致吸引 / 290

理财师 APP,解锁知识营销密码,提升线上金融产品转化率 / 294

芬必得:疼痛认知形成独特消费者拉力 / 298

雀巢:超级能恩3,凭何捧走深度营销案例奖? / 301

黑猫普法:趣味知识短视频,促进用户的认同理解 / 305

丁香医生:知识场景化!"健康+"营销之道 / 308

京东:从旧习俗中寻找"新花 young" / 315

淘民宿:信任成就超级用户 / 318

PART 1 绪论

知识营销产生的市场背景

以数字化、网络化为主要特征的知识经济时代正在席卷全球，各行各业的营销环境和营销方式都在发生深刻的变革。当资本驱动行业进行大规模生产之后，行业的价值链被重组，这个时代的产品和服务的共同难题——同质化、高噪声和低费效成了企业一出生就必须面临的市场困境。以知识营销为代表的针对超级用户的内容营销，是这个时代营销的关键和核心，也是企业的难点和卡点。知识经济时代，知识所具有的商业价值得到体现，企业也越来越重视通过知识营销法获取用户好感、关注、兴趣、转化。"知识营销"是基于当前所面临的新困难和新任务，而产生的新营销方法。

消费者对产品价值的衡量标准进行调整的过程，就是从信息获取到知识获得的过程。最初，产品和服务的价值衡量标准变化主要以物质基础到知识含量的转化为核心，随着信息技术水平的持续提升，企业进行产品优化设计，逐步压缩研发周期，确保企业能够在短时间内实现新产品市场目标。综上所述，企业和消费者衡量产品或服务价值的标准变化，使消费行为以及市场营销环境发生了巨大变化。从消费者角度来看，知识经济快速发展，不仅扩大了社会财富规模，也改善了消费者生活质量，此种状态下，消费需求也会逐步带有多样性特征。在消费者接受过良好素质教育后，会改变其自身想法，这也是消费个性化现象产生的主要原因。从产品角度来看，一方面，知识经济导致新产品的内涵以及外延有所调整，其中，进入知识经济发展阶段，商品这个概念的范围有了全面扩大，不仅包含农产品、工业品等实体产品，知识、服务、信息等虚拟价值均被纳入其中。另一方面，产品内涵上，知识经济完全以知识为核心，因此，消费者在商品的知识含量方面势必提出更高要求。

以上当代营销环境出现的新问题都可以用知识营销来解决。前几年娱乐营销风靡全网，"娱乐至死"的精神使不走心的表演泛滥成灾。曾经经典的4P4C理论变得无效，以下几个问题始终无法得到解决：

一、高度互联网时代背景下品牌传播的新问题

互联网高度发达，人们无时无刻不处在信息化的网络之中，企业在这种高噪音的环境下面临着新问题。首先是品牌高度同质化，品牌和服务一出现在互联网上，即面临着扁平化的信息环境，很可能短时间内就会出现同质化的产品和服务。其次是信息噪音，企业品牌一诞生就会淹没在茫茫的信息海洋无法顺利突显。最后是传播信任度，由于网络上资讯良莠不齐，新品牌很难让消费者产生信任感，老品牌也

随时面临仿冒品的难题。

笔者反其道而行之,用严肃的知识对用户进行营销工作。知识营销和娱乐营销的区别不在于理性或感性,而在于和用户沟通的深度和浅度,知识的生产和传播一样可以做得很"性感"。而在产生传播力的核心上,似乎话题性是理性与感性二者的共通点。与传统的营销方式相比知识营销模式显得更加有生命力。人类即将进入知识经济时代,知识经济时代必将对人类社会历史进程产生划时代的影响。在此背景下,知识营销也势必成为一种新的营销方式。知识营销开始更多地与各种新媒体文案相结合,获得了大力推广,成功的知识营销能深度影响用户对产品的选择,这也使得知识营销成为企业网络营销的主流方式。

首先我们来看看什么是知识?

知识是用于生产的信息(有意义的信息)。
——1998年,世界银行《1998年世界发展报告-知识促进发展》

知识是人类特有的资源。书上没有知识,书上只有信息;知识是在特殊的工作和行动中运用信息的能力。技术是在工作中运用自然科学,是知识的一种。
——1964年,德鲁克《成果管理》

为什么消费者需要产品和服务被赋予更多的知识呢?在信息时代,知识已成为最主要的财富来源,知识就是公司和产品获得市场最有力的营销武器。因为具有"知识"属性的产品和服务,能让消费者"获得"更多的生产生活体验,这就是我们所说的获得感。将公司或者个体为消费者提供的产品和服务进行知识营销将具有更强的市场竞争力,并帮助消费者更好地做出决策。

知识营销就是指通过使用全新的大众传播技术，利用科普宣传的方式使消费者全面了解产品的内涵，进而使大众生活随之发生改变的营销方式，而新的产品概念也会在营销的过程中逐步形成，并包括通过新知识的导入对消费者新需求的出现进行有效激励。知识营销活动开展的最终目的即是帮助具有独特知识点的产品提高市场覆盖率。进入知识经济时代后，经济发展必须以知识为基础，尤其在开展产品市场调研和匹配阶段，应当注重知识推广，可以将新产品市场匹配风险控制在最低范围内，这样才能够为后续的营销活动开展做好充分消费者认知准备。

二、知识营销产生的主要影响

1. 当代市场营销环境发生了质变

对于企业而言，知识经济时代势必对市场营销环境的产生很大影响，其中，表现最为明显的是自身要承担相对更高的市场竞争要求。在市场营销的信息网络技术水平持续提升的同时，全球正式进入经济一体化发展阶段，企业在承担国内市场竞争压力条件下，国际化经济趋势也更为明显。此外，竞争模式也会有所调整。只有技术相同，资源共享，共同完成市场开发的合作竞争模式才能够满足市场良性发展的新要求。

很多传统商家认为营销就是花大把的时间去线下发传单和在线上发广告。为什么大部分广告文案缺乏吸引力呢？因大部分老板在以前卖方市场的生意经验中，养成了以产品为中心，以卖货为目的的思维。但是时代变了，现在是物质过剩的买方市场，是一个"心智消费"时代。

现在大部分路人，都不会接这种传单，线上广告也常常被注意力焦点直接忽略，这种既消耗人力和物力，又"费力不讨好"的营销模式没有实际效益。因此，简单地进行广告投放已无法影响到消费者。

2. 产品的卖点发生了质变

在物质极大丰富，满足基本需求的产品过剩的红海时代，顾客消费的不是一种商品而是一种体验。

不可否认，全新的市场体系势必由知识型产品占据核心地位。这里所强调的知识型产品即是指科技含量较高的产品，比较常见的如数码产品、智能家居、医疗保健等。想要开展知识型产品营销活动，营销工作人员必须拥有较高的专业水平，其不仅要储备大量的营销技巧，而且要充分了解产品的知识要素，并能很好地展现在消费者面前。相反，营销者缺乏对产品的技术了解，甚至不熟悉产品功能，那么在向消费者进行介绍的过程中，就会沟通十分模糊的情况，甚至在产品出现功能故障后，无法快速提供售后咨询。如果消费者经常对产品和服务存在疑虑，那就很难产生消费行为。

那互联网时代我们怎么去做知识营销呢？我们需要用逆向思维解决客户的问题。举个例子，假如你卖减肥药，正向思维是：我的减肥药效果好，可以让女人安全地减肥，让女人身材变苗条，变得更加美丽自信。如果你从客户角度出发，用逆向思维呢？身体肥胖，是不是买不到合身的衣服？身体肥胖，是不是会影响找男朋友？身体肥胖，是不是会影响到找好的工作？身体肥胖，是不是更容易患高血脂，高血压，糖尿病？身材不好穿衣服难看怎么办？长得太矮买不到合身的衣服怎么办？皮肤黑的女生怎么穿衣打扮显得白一点？不断提供这些问题的答案，为消费者提供解决问题的知识，这些都是用结果导向知识点的逆向知识营销思维。

3. 营销方式和链路发生质变

从20世纪末发展起来的计算机以及网络技术，始终保持高速发展。全球不同国家以及市场都是通过互联网连接在一起的，也是由于这样扁平化的信息环境，市场中的营销信息系统才变得更为完善。上文中我们了解到，开展传统营销活动，主要通过媒体以及广告等，向消费者传递有效信息。从根本上看，此种信息传递方式带有明显的"单向性"特征，消费者长期占据被动地位，信息传递效率也相对较低，对于营销主体而言，自身也承担相对较大成本压力，所以用传统方式并不能满足在越来越互联网化的市场中实施营销策略的要求。进入知识经济时代后，营销渠道相对更多，除营销部门可以向消费者进行信息传递，公司其他部门也能够充分发挥自身作用。电商缩短了销售渠道，营销环节得到空前压缩，营销的成本相应也会减少，消费者主要通过网络平台与营销部门进行交流，并给企业传递消费需求，这样的市场营销环境让使企业的产品和服务与市场需求更同步。

近年来大火的社群营销就是网络营销深度化的产物，社群营销是在Web2.0互动社区及社会化媒体的基础上发展起来，与用户连接及交流更为紧密的网络营销方式。主要通过链接用户、直接和用户沟通的方式融入社区。不仅用户容易接受这样的营销方式，受众还可能成为二次传播者。社群营销传播的内容是用户自己"由下至上"通过在社交媒体平台上自主讨论出来的，而传统的媒体宣传方式是由广告公司组织项目成员进行头脑风暴从而产生创意，再通过媒体单向发布，用"由上至下"广播式的扩散和传播信息。由于现在的消费者，不会仅仅听从媒体上面发布的内容，对他们决策更重要的反而是在熟悉的社区内和同频的人进行交流，然后再做消费决策。所以目前那些传统的由上至下的媒体宣传方式再难以对用户产生有效的触达和转化。

消费者更多地通过网络获取企业产品信息，由于网络的信息扁平化，消费者好的或者坏的消费体验都很容易在网络上面进行传播，使得商家必须重视网络口碑的管理和话题营销。口碑营销这种营销方式始发于 Web2.0，从个人博客或主题论坛上开始运用，并在社交媒体平台上得到广泛的发展，后来渐渐成为一种受众广泛的营销方式，成为各大企业和品牌的主流推广方式。久而久之，口碑营销就逐渐奠定了在市场营销中的重要性，并开始被更广泛的中小企业模仿和推广。这就使得越来越多的消费者更加通过口碑信赖企业的产品，也使这些消费者与企业之间的关系更紧密，当消费者成为企业的忠实客户，这部分忠诚的客户就成了企业的"超级用户"。

当代营销方式从媒体宣传到社群互动，从传播强度到口碑维护，营销理论也从 4P 产品渠道到 4C 客户定位再到 4I 场景营销，随着商业环境的进化而不断进化和演变。因此笔者在知识营销时代提出知识营销"4K 法则"，即：Knowledge System（知识体系）、Key Opinion Leader（KOL 意见领袖）、Keeping Communication（持续沟通）、King Top（细分领先）。后面笔者会以独立章节来叙述新时代的 4K 知识营销法则。

高噪音时代知识营销的价值

对于用户来说,在互联网信息爆炸时代,真正有价值的知识是稀缺的,而经由知识分享进行产品营销,不仅对用户有科普价值,同时也具有巨大的商业价值。总的来说,知识营销对用户的价值有两个纬度:一则是横向的"好奇心",让用户探索更大的世界,通过产品或服务增加用户的新鲜体验,让用户产生"原来还能这样"的新奇感;一则是纵向的"探索欲",满足用户对某一领域的深度了解的愿望,通过产品和服务让用户成为该领域的专家,用专业度建立自己的优势感。

如果你经常玩知乎,你会发现在知乎的推荐首页中总是会出现一些知识性的信息流广告,比如"一个四两拨千斤的拷问,你是如何面对脱发问题的",这很明显是一个脱发产品或者医疗机构的知识广告;同样,在很多知识性问题下面,总是会有很多官方账号出现答题,如丁香医生在关于健康养生方面的问题下就非常活跃,并且解答相对比较专业。作为知识分子和精英们聚集一堂的问答和社交的平台，知识营销在知乎上可谓是俯拾皆是。以知乎上的知识性推广为案例，我们可以分析出知识营销一般有以下三个特点和优势：

一、科普性，改变认知（原来是这样）

通过各大知识平台研究发现，很多品牌产品在参数、理论数据等方面均具备较高的专业性要求，在这个基础上，如何更好地进行知识点宣传，并确保消费者充分理解，即是企业需要重点研究的内容。打造科学平台，使消费者能够全面参与其中，并专业地对其进行科技知识的讲解，这也是娱乐性互动的重要作用。而且在相关知识主题讨论过程中，消费者在对需求的认知和产品的选择上也会发生明显改变。

二、参与性，话题引爆（我也有观点）

通过开放性话题讨论的方式，使更多消费者参与其中，利用网络互动模式，设置恰当的话题进行提问，不仅能够提高品牌参与热情，而且可以达到良好的互动沟通效果。举例说明，天猫商城抛出的"哪些兴趣爱好改变你的人生轨迹"品牌话题，消费者的回答有"健身""做甜品"等，随后得到了众多其他网友的点赞与评论。大家各抒己见，自然进入了 UGC 原创模式，整个话题引爆过程也会不断生成更为优秀内容。

三、整合性，品牌多维（玩的就是不一样）

当今线上线下一体化情况下，企业会采用更多维的模式开展在线营销活动，不仅会开设线上网络商城，线下店铺也在同步运营，或者根据场景在不同阶段选择个性化的传播内容，因此，营销方式和渠道管理进行整合的必要性也会逐步体现出来。对于品牌而言，开展整合营销活动，用知识进行营销活动对产品和市场的影响效果不可小觑，例如，特仑苏产品与知乎的合作，更好地将线上知识与产品包装整合在一起，知识主要发挥连接器作用，在双方共同努力下实现了产品创新目标，这也成为品牌引爆事件传播的成功案例。

开展知识营销活动，对品牌线索的预埋往往十分重要。利用产品内容的宣传，对粉丝形成有效引导，加大意见领袖KOL的培养，让用户在每一个互动阶段都会加深品牌印象，最终在让全体用户认知进行升级。奥迪在知乎上开展"发动机与煎牛排"的互动活动即是一次很好的证明。

所谓知识营销，就是企业通过有效的知识传播途径，将自身所拥有的对大众有益、有价值的知识传递给潜在消费者。这种知识可以是专业的研究成果、品牌的文化、产品知识、经营管理思想等等。通过这些知识的传播，接收到的用户能够逐渐形成对企业品牌和产品的良好认知，通过知识内容引发用户的"好奇心"和"探索欲"，有利于将潜在用户转化成为真正的顾客，并对其消费行为产生有利于品牌方的影响。

链接超级用户——知识营销的品牌新使命

对于品牌方，现在面临的很大一个问题在于，现在如果仅仅依靠"品牌的知名度"已经很难说服消费者，很多时候，品牌还需要提供产品或者品牌故事背后更多的信息，比如创办人的故事、产品的工艺流程、科技含量、成分、环保健康度、社会责任等，一个简单的广告无法全面呈现品牌所要表达的信息。

如果可以在海量信息传递的基础上，用知识来打动消费者，让消费者在学习中了解品牌，就能很好地解决让消费者从"品牌认知"转向"品牌认同"的问题。

知识营销采用科学的传播方式，把产品和服务中有价值的知识要素传递给用户，这是在市场营销中最有效的品牌认知过程，在进行知识传递的过程中，不仅可以将潜在的用户成功转化为消费者，通过知识的力量改变用户的消费行为。一旦品牌能够对消费者产生深度影响，用户势必就能转化为企业的长期或超级VIP用户。

基于知识分享，产品或服务能为用户建立起多维度的量化信用值体系；基于知识分享，产生的超级用户与品牌建立起有生命力的互动关系，能让超级用户成为品牌和服务的放大者和新用户分发渠道。

一、知识营销时代，软文常有广告不常有

知识营销基于用户对内容的深度理解和信任，而认知信用则是知识营销的底层逻辑。以知识内容为核心的知识营销得到了用户的喜爱与支持，这也使得知识营销成为企业网络营销的主流方式，知识营销开始更多地与各种新媒体文案相结合，这种推广形式在企业中获得了大力推广。软文是用于建设并宣传品牌文化和产品的文字广告，具有易于发布、费用低廉、收录检索方便、并长久有效的特点。其主要目的是提高品牌知名度、联想度、美誉度和受众的忠诚度，有助于塑造品牌形象、积累品牌资产。

如今互联网上的硬广泛滥，不得不让具有防范虚假信息意识的网友反感抵触。网络软文相比于硬广告，价廉且覆盖广，备受广大中小企业的青睐。由于互联网信息扁平，商业机会均等，企业想要发展市场，那么通过软文"树品牌，创口碑"的重要性也越来越明显。

品牌力基本上由品牌商品、品牌文化、品牌传播和品牌延伸四个因素共同作用于消费者。除了将与品牌相关的技术知识、历史知识、专业研究成果、经营理念、管理思想以及优秀的企业文化等内容呈现给用户，将专业的前沿学科知识进行科普分享也是软文的一种，能增

加企业技术底蕴和品牌价值。

当点击进入"一个四两拨千斤的拷问，你是如何面对脱发问题的"这一问题，我们已经可以从标题界面看到这是一个品牌名为"雍禾"的广告，而里面的内容是一篇关于脱发的科普文章，并且非常专业、条理清晰地普及了一些脱发的常识，获得了将近五千个赞同和两千多个评论，在知乎上属于中上范围。更重要的是，在普及了这些知识后，"雍禾"还为自己打了个广告，需要了解更多知识可以前去咨询，在评论区中的互动也是非常活跃。

知识营销的首要特点就是以科普知识的方式，用软文去传播品牌和产品，然后推动企业营销行动。很多商家会在科普软文的内容中植入产品广告，这是非常常见的推广方式，同时，商家官方账号以及不断在文章中出现的商标和产品，可以让更多人知晓，从而扩大品牌的影响力，拓展更多的潜在用户。消费决策是消费行为的核心环节，因为在信息纷杂的时代，以高质量的知识内容帮助消费者降低决策成本越来越重要，而这正是知识营销的价值所在。

二、千禧世代消费者，更注重精神满足

改革开放以来，中国居民的物质和精神生活得到极大改善，当95后和00后逐渐成为消费主力军，这是一群超级自信的新生代，也是受"互联网"科技产物影响很大的一代。社会文化环境的巨大变化，带给他们喜欢追求自我，具有独立精神，格外注重自我感受，愿意彰显自己与众不同的个性。他们注重精神层面的需求和享受，比起上一

代人贪图"便宜货"更注重产品的性价比。

除了获得商品功能层面的基本利益外，95后和00后更希望能够获得一种审美体验，一次良好的体验之后，他们自然而然地愿意成为你的回头客。因为这些体验能为他们带来社交话题，通过产品+知识消费来追求自我、形成个性，再通过社交平台向他人传达自己的学识修养、生活品位和社会地位。

以服装为例，无论是喜欢汉服的还是喜欢Vintage（复古风、古着）的，他们都必须要先去了解这个圈子的一些名词和知识。汉服不仅是一个服装的品类。它还和中国文化以及古风音乐非常相关。比如，古风音乐就是21世纪出现的一种音乐风格，其特点是具有独特的中国式美感，曲调唯美注重旋律，多用民族乐器。而Vintage顾名思义，就是复古风。它体现的是一种成熟的、经久不衰的经典魅力——不是纯为迎合当季时尚而设计，有着历史和价值。Vintage是时尚的风向标，所以同样复古的Vaporwave（蒸汽波）音乐就与Vintage相当契合。这类作品多采样于20世纪80年代至90年代的音乐，通常是Smooth Jazz（软爵士乐）、J-Pop（日本流行音乐）以及80's Urban Music（80年代都市音乐）等，听起来就像是隔壁房间的收音机正在播放复古动感的音乐。只有了解并传播这些文化知识，才能够更好地让95后和00后消费。

95后甚至是00后的消费者更看重精神上的需求，像类似于以下的软文："阅读给我们带来了什么？""为何她们订婚时都想收到一枚蒂芙尼？""比想象中更极客，戴森是怎样一家公司？"把这些热门内容一一点开看，这些充满专栏风格的文章无一例外都是4000字以上的知识科普长文，看到结尾会发现，原来都是广告。但都满足了年轻人的一些精神上的需求。

好的知识营销可以消除新生代消费者对于产品的不确定，更充分的信息也可以提高消费者的消费忠诚度。一般情况下消费者对产品本身的功能了解越充分，对产品给自己带来的预期效用的期望就越大，进而会增加其选择消费该产品的确定性。

在互联网社会环境下，任何一个消费者都不是孤立的，而是隶属于一个共同知识结构的社会成员，有着共同的需求动机和意识。了解千禧消费者如何从外部获得产品和服务知识，了解和掌握关于某项产品的哪些具体知识可以提高他们的消费意愿，对制定营销策略和引导消费具有重要的意义。

综上所述，在内容的设计上，知识营销软文可以很好地借助品牌和产品的相关知识，在创意上门槛较低，不仅可以长期拥有丰富的素材，还免去了在不相关内容中植入广告对用户的打扰和对品牌的反作用。在形成了一定体系后，知识营销将变得更加系统、灵活，并拥有自身特色。

PART 2
知识营销的市场定位和商业效率

知识营销本质是一种精神服务

随着现代社会高速发展，人的知识增长速度，特别是对高新技术产品的认识水平，远远落后于科学技术发展速度，人往往被社会裹挟向前。消费者这种对高新技术产品和服务的认识"滞后性"，既妨碍用户了解和使用新产品来融入社会，也成为企业营销的一大障碍。因此，知识营销应运而生。例如，微软公司为低收入地区图书馆配备电脑、培训人员、捐赠软件，不惜耗费巨资，这种行为正体现了"先教电脑，再买电脑"的知识营销观念。

知识营销，一方面把产品和服务所具备的知识点进行长期多元的内容再生产，另一方面把这些知识内容结合为用户消费体验的重要环节，并在用户消费体验中进行社交媒体传播时转化为其他用户头脑中的"先验知识"，从而促进产品和服务销售水平提升的一种全新营销理念。它把信息技术、市场预测、营销决策等主要环节统一起来，共同为企业服务，以取得最好的经济效益，是知识价值理念深化与知识经济发展二者相碰撞的结果。在当代营销中，用户购买产品前在脑海里所拥有的先验知识带来的"前置体验（消费梦想）"成为影响消费者决策的底层因素。因此，知识营销的本质是在精神上焕发客户的需求，满足客户的期待，实现他的梦想。

一、知识营销的传播优势

1. 对产品内涵深入挖掘，使营销知识含量得到提升

在知识营销的整个阶段，注重消费者共鸣价值观的培养。进入知识经济时代，作为重要的消费资源，企业加大了学习力度，而知识营销想要实现预期目标，也必须确保消费者可以学到更多的知识。不仅如此，随着社会持续发展，大众生活质量已经得到明显改善，消费者在进行选择过程中，不再单一考虑产品的使用价值，产品不是价值引发消费者的消费观念，而是消费者的消费观念决定了产品价值。"观念价值"也成了重要影响因素，简单理解即是消费者更为关注产品服务以及文化内涵。举例说明，李宁品牌的服装呼吁青春活力与健康生活，基本与青少年的价值观保持一致，因此，青年消费群体也成为它主要消费对象。可以说，消费者之所以选择某产品，是因为该产品就在消费者观念之内，因此要推广产品，首先是用知识普及该产品蕴含的生产生活观念。

2. 与消费者打造不同层次结构关系，为忠诚消费者做好转化

现阶段，专业领域对营销关系的理解主要包括三个层次：首先，经济关系层次，主要通过打折、奖励等方式进行消费激励，这是层次最低的竞争手段，被对手效仿的概率很高；其次，社交关系层次，简单理解即是用SCRM与消费者保持良好社交关系，截至目前，大部分企业都以该方式为主，只是过分注重关系建立会出现要么营销成本过高，要么顾客获得价值感不匹配，消费意愿降低；最后，营销关系层次，产品与顾客能够从知识、消费习惯等方面打造用户价值观和情感关系，这也是成为忠实消费者的必要条件。在产品技术含量持续提升的条件下，该类型关系建设才能够满足企业可持续发展要求。

3. 加深营销团队专业度，改善产品技术含量，满足个性化需求

进入知识经济时代后，企业想要得到消费者信赖，首先即是确保消费者能够对产品形成全面了解，并掌握正确的产品使用方式，进而刺激购买需求，并最终实现销售目标。不仅如此，营销策略的制度要以消费者需求为核心，了解消费者的具体特征，包括文化品位、价值理念等。而该部分目标实现一定是以加大团队建设为核心，改善营销人员的综合素质水平，这也是我国企业目前阶段缺乏，需要重点完善的工作内容之一。

二、知识营销的转化优势

1. 满足客户的求知欲，为品牌积累口碑与人气，实现双赢

知识营销之所以能够成为一种更好的营销方式，就在于它满足了人们求知的欲望，不管是为了探索未知领域还是出于功利性的了解，知

识营销都为消费者提供了一条获取"精粹"知识的渠道，而无需在茫茫的信息海洋中自己搜寻。满足了消费者的需求，知识营销可以在传递知识的同时将品牌的核心价值和产品的性质特色传达出去，在消费者心目中留下印象，从而为品牌扩大知名度，提升品牌的人气与口碑。

2. 科学、专业地介绍产品的利益点和优势，更具有说服力

品牌通过专业、系统的知识讲解，产品的原理和功效可以得到更好、更全面的介绍，尤其是借助权威的理论，逻辑的推演，在突出产品利益点和优势方面能够更加明显，更具有说服力，从而吸引对产品感兴趣的人群，将潜在的消费者转化为实在的顾客和销售量。此外，品牌通过知识营销可以让品牌文化更加浓厚，显示出更加专业的形象。再加上知识话题互动性强的特点，容易让消费者产生信任，不仅进一步促进购买欲望，也能提升用户的活跃度和黏度。

3. 找出与品牌和产品的精准客户群，进行有针对性的全套知识服务

对这些知识感兴趣的用户必然是产品的潜在消费者，通过内容来分辨和筛选出目标客户，能够减少营销资源和成本的投入，让有需求的客户主动前来咨询。并且，从潜在客户到完成交易乃至售后，知识营销都能够贯穿其中，满足客户对于品牌和产品知识的全面了解，而在知识不断输出的过程中，客户的想法和需求得到了满足；通过其中的话题互动，更能够对客户实行精准营销，培养出常客和超级用户。品牌进行知识营销，必然是看中了这种营销方式与自身的契合之处，因为他的特点和优势都会依据具体的品牌特色、产品性质和营销活动来呈现。如何做好知识营销？明白了知识营销的特点和优势，就应该根据其特点最大化地将这种营销方式的优势发挥出来。

三、做好知识营销，满足消费者精神需求的要点

1. 挖掘产品和品牌当中的文化内涵

把它们整合成企业的文化知识资源，注入营销活动当中，以增加营销的知识含量，同时，还需与消费者达成价值观上的共鸣。

2. 加强营销队伍素质的建设

建立熟知品牌的知识体系和具体内容的团队，让营销人员更加适应产品的科技化、个性化需求，并在与消费者的互动中体现出专业与用心。

3. 利用好现有的各种网络推广渠道

选择适合自身的平台，根据不同平台用户的特点和习惯，有针对性地设计知识营销的内容和形式，让用户更加容易接受。

4. 品牌要注重构建与消费者在技术、知识、习惯等结构上的关系

让使得消费者在相关的技术知识层面形成对品牌的信任和依赖，从而让消费者成为品牌的忠实粉丝或者常客。

知识营销目的不是做老师，而是成为用户的专业"幕僚"

我们要明确知识营销的商业模式不等于知识付费，不是靠做老师授课赚钱，知识营销服务是基于企业提供的产品，用科普知识的方式进行市场推广。这种营销内容虽然没有专业知识那么严谨和客观（例如专业医学杂志），但相比理论知识更具有可信度（应用程度一定程度上体现着可信度）。我们在设计知识营销活动的时候，从抓住眼球，唤醒用户的兴趣开始，到成功转化交付产品，应该完成整个过程服务的闭环，对消费者来说这就是值得信赖的某领域服务商——"幕僚"。它是在实施知识营销的时候，企业和消费者能永续经营的角色和关系。

在信息噪音年代，我们看过的内容和信息大多都会遗忘，但是，做好知识营销，会留下和一般信息不一样的东西。

一、知识营销存留和用户的关系

1. 这个品牌给用户的感觉

也就是品牌提供的先验知识会留在消费者的体验当中,成为消费者的潜在需求。

2. 成为用户解决问题的知识线索

用户一旦产生问题和需求,用户会更倾向于到该领域值得信赖的品牌那里去寻求答案。通过知识营销让用户在需要寻求专业帮助时有路径可依,才是真正重要的。所以,一个优秀的知识营销活动,要有独特的解决该领域问题和需求的思路和方法,展现企业和产品的魅力,要给用户留下深刻的印象和无可替代的感觉。还要成为用户知识网络里面的重要节点。要在某领域里,成为一个重要的解决方案的知识线索。

二、知识营销为用户提供三方面内容

1. 产品知识内容

与产品自身相关的知识,如性能、特征、样式、质量等。

2. 与产品非相关的知识

如自身经验、他人经验以及其他维度的知识。

3. 消费者情感因素

普通陈述、个人建议等。对于消费者而言,其在接受产品信息、形成认知后，才会实施购买行为，整个过程始终在进行信息处理操作。

知识营销目前已经在大部分企业内进行应用，包括一些个体小商贩。对于某一种产品，营销人员不仅要了解其优势，而且要更好地将使用方式等传递给消费者，包括对产品进行完美的功能介绍，以及后续发展趋势等，这样才能够对消费理念进行有效引导，并最终实现预期销售目标。但如何能够保持较高的营销效率呢？现阶段的营销活动如何通过知识发挥起着十分关键的影响作用呢？

三、知识营销应遵循以下四个原则

1. 诚实守信原则

诚实守信是符合市场活动道德机制的，截至目前，市场营销以及不同市场活动的开展，也要求参与者必须满足诚实守信原则。充分履行合约精神，信守承诺，只有这样才能避免品牌信任危机。

2. 利益兼顾原则

所谓利益兼顾是指企业在满足自身收益需求条件下，也要将消费者利益考虑其中，包括判断其是否与社会长期利益发展方向保持高度一致。我们不能将其理解为企业开展营销活动即是获取不正当收益，企业经营目标就是满足利润收益需求，利益自身是不具备善恶特征的，只是企业在进行营销活动时，不能只以自身经济利益为基础，而是要判断采用什么方式进行营销，包括判断其是否会引发不良社会影响等。

3. 互惠互利原则

互惠互利原则即是要求在市场营销活动开展阶段内，全面了解自身以及相关者利益关系。企业参与不同类型的竞争活动，一定要尝试与其他合作，将互惠互利原则所具备的优势特征完整表现出来。

4. 理性和谐原则

市场营销活动开展阶段，应当使用科学的方式了解市场环境，包括对发展方向做出有效判断，而不能好大喜功，盲目强调市场占有率提升的重要性，否则很容易对可持续发展目标的实现产生极大不良影响。

在商业世界里，建立信任的最好方法就是和对方发生交易。企业和用户之间，互动越多，信任越多，发生交易次数越多，信用关系越深。用户在特定的知识问题上信任的人可能并不多，知识营销就是为企业和产品与用户达成长期信任关系。知识营销只是手段，结成可持续的信任关系才是目的。在知识快速更新迭代的今天，知识本身不值钱，公司和产品提供的服务能满足消费者的需求才能让人买单。

我们进行知识营销的最终目的是为了转化销售，传播知识干货只是本分，而用户是否选择购买，内容的点击播放都不是核心指标。用户将来遇到我们公司服务的这个领域的问题和需求时，会不会想起我，再次找到我，向我请教，在我的建议下购买我们公司的产品和服务来解决他的需求，甚至向别人推荐我，这才是评判知识营销是否成功的核心指标。所以，企业进行知识营销虽然是起点，但是企业和消费者之间达成更稳固的信任关系，才是知识营销的终极使命。

知识营销的策划方法和知识体系框架搭建

今天对于品牌最为困惑的问题也往往在于,一个简单的广告无法全面呈现品牌所要表达的信息。而一味追热点,却常常让品牌陷入信息的迷失。在传递海量信息获得大范围曝光度的基础上,如何建立信任成为品牌今天面临的最大挑战。知识短视频无疑是品牌建构权威性和持续输出品牌价值的创新阵地,如果品牌也成为人们知识的一部分,这样的深度沟通比再多的信息曝光都更有价值。因此,在海量信息传递的基础上,用知识来"卷入"消费者,让消费者不仅了解产品的功能性和品牌故事,而且用知识创造商家和用户一致的价值观,才能让消费者从"品牌认知"转向"品牌认同"。因此,知识营销从 What 到 How,不仅让品牌原有的营销内容得到升华,同时,也让品牌借助知识营销增加了说服力。

知识营销方式和传统营销方式是针对品牌传播理解有所不同,这是一种进化而不是颠覆。知识营销也强调品牌即包含名称、商标、价值观以及文化理念等，只是从消费者端分析，产品内容传播通常包括品牌以及知识点两个方面，注重与用户共同打造完整营销网络。我们可以将人的记忆结构理解为知识系统。激活扩散理论认为，关联网络属于知识的具体呈现方式，其包括多个不同节点，节点间的共同特征越多，关系就越密切，回忆时就更容易激活扩散。所以，在进行知识营销框架建设时，消费者的知识结构也应该得到有效的梳理，同时满足信息以及知识储存要求，品牌就会在消费者心中留下深刻印象，用户心智也会得到有效的固化。

一、知识营销定位策划法概念

随着网络经济和社交媒体普及，消费者在社群中热烈讨论，形成共同的话题和认知，这为消费者带来一种新的、积极的、公开的、透明的思考方式和知识产生的方式。即知识由认知和话题产生。现在消费者不需要像以前那样打开搜索引擎搜索关键词，而是向社群里的专家咨询，这些专家会根据他的需求和问题进行分析提出专业建议，为消费者节约了学习成本和时间。而这些专家进行咨询和建议的主因不是为了物质奖励，而是他们喜欢被当作某一领域的专家。普通的消费者也可以经由消费经验的提升成为专家，继续回馈社群。这些某一消费领域的专家就是本书所指的"超级用户"。

如今的消费者，尤其是千禧世代和Z世代，不喜欢听命于人。他们喜欢持续交流，和公司培养持续的关系，这使得软文营销"产品内容不是插在内容的前后,而是成为内容的一部分"。这点很重要,因为在设计知识营销定位的时候,如果产品独立于内容,社群管理员和超级用户为了维护自己专业形象,很容易移除内容中产品营销广告的部分,品牌方就失去了"病毒传播"的机会。因此,在对知识营销进行策划的时候,产品和服务必须成为知识内容的一部分,这就是知识营销和知识付费的区别。可以说,知识付费是用知识本身解决消费者的精神需求,而知识营销则是用普及专业知识的方式带动相关的产品和服务来为消费者的生产生活服务。

那些认识到知识营销重要性的公司,已把知识内容作为用户产品购买流程中的一个体验环节,增强用户体验服务。用户通过公司的知识营销,再次感受产品的内涵、理解产品带给自己的利益,甚至强化或重启一种生活方式,从而形成品牌黏性,进行二次(循环)购买。

欧莱雅为了给旗下的美妆品牌(比如美宝莲、科颜氏等)提供实时的好内容,在内部创建了一个"美容知识工厂",专门就美容美妆教程知识进行内容输出。欧莱雅还和各大视频平台密切合作,创建了和产品相关的分享干货视频的账号。美容知识教程是抖音、小红书、B 站等各大 PUGC 视频平台中的最高搜索项。比如欧莱雅旗下的护肤品牌 Shu uemura(植村秀)制作了 8 个关于护肤知识的干货视频,在没有任何付费媒体报道的情况下,积累了近万的浏览量。

在物质过剩,品牌互联网化的环境下,每天各种品类和品牌的大量供给导致竞争白热化,这种趋势让知识营销在消费者心目中的定位显得特别重要。定位真正的目的是让用户能记住的解决方案亮点,不是产品的亮点,是可以满足用户需求的亮点,是在用户知识领域有价值的站位。用户在任何一个品类根本记不住7个以上的品牌，一口叫出的只有两个品牌，所以要不断简化讯息实现更好传播，要把知识营销和用户熟悉的场景结合起来。

对知识营销进行人格化IP定位，这个问题可以举个例子理解一下，有很多人，在运营官方号的时候，依赖自动回复以及关键词，丝毫没有灵魂，而所谓的人格化，就是要有灵魂地运营，官方号可以塑造一个IP形象，跟用户进行对话式沟通交流，还可以定期让小编发送一些语音或者视频以及合照，让用户觉得这个官方号是有灵魂的，而不是冰冷冷的机器人的感觉。知识营销人格化塑造中，"人"的设定很重要。它可以通过六大维度进行设定，即视觉、语言、价值、人格、信用、传播力。比如米其林，之所以能长盛不衰，靠的就是米胖子精通全球美食的这一卡通IP形象。

二、知识营销定位的三种方法

1. 领导者定位

把自己定位为某个领域的第一名，就成功了一半。第一名的获客成本比第二名低一半，比第三名少了三分之二。你要在用户心智中是第一。

2. 跟随者定位

想办法找到新空档，在一个新的领域和人们已有的认知产生关联，在垂直领域细分为第一名。

3. 重新定位对手

把对手拉下马让自己上位。任何广告的首要目标都是提高人们的期望，让消费者相信他有效，而且立竿见影。消费者的期望是得到更好的产品，因此，把对手定位在过去，把自己所代表的知识和理念定位于未来，用户不希望活在过去，会为未来的生活和希望买单。知识营销中指出用户的知识盲区，自己的产品和服务代表更好的选择，才能影响用户的心智。

三、应当注意的四种IP定位失误

1. 定位模糊

品牌的核心价值和定位不清晰，品牌各要素相矛盾、不一致，或者盲目地品牌延伸，使品牌失焦，无法体现个性倾向。

2. 定位无力

定位和核心价值清晰，但在产品优势、品牌个性等方面缺乏有效的支撑，使得人设特征没法彰显，品牌不够强势。

3. 定位错位

与目标消费者的消费观念不符，比如说以二次元文化为消费群体的品牌，却设定为传统智者、精英的人设，那就错位了，这会让消费者大脑认知混乱。

4. 人设老化

随着目标消费群及其品位、需求特点的变化，原来的品牌人设逐渐过时、老旧，无法匹配新的消费群体，如大宝、玉兰油、健力宝等，这会让消费者感觉是父母辈用的产品，这就需要用新的内容和形式，使其年轻化。

四、知识营销和知识付费的区别

知识营销市场的扩大，背后的推手是"人"，换言之，是"人的需求"。"成就动机"是心理学上的一个概念，指个体在完成某种任务时力图取得成功的动机。成就动机对个人的发展和社会的进步都具有重要作用，好比一架强大的"发动机"激励人们努力向上。专家和超级用户希望通过各种途径展示自己掌握的专业技能，以此在社群中取得影响力和意见领袖的比较优势地位；在各种人际关系中里，我们希望做一个"不能被取代的人"而不是"任何人都能代替自己的人"，因此，我们也希望通过各种途径展示更多自己掌握的技能，成为社交圈中更强大更有价值的人。也就是说，知识营销来源于利用人性中的自我成就来驱动营销活动。

因此，对于知识营销工作而言，抓住人们成就动机的心理就抓住了消费者的底层动机和核心精神需求。人无时无刻不处于信息之中，改造人的意识，应该从三个层面去进行，即知识、信息和数据。在信息社会，数据（data）是客观事物以原始的形式进行表达的零散元素，数据经过过滤和组织加工后成为信息（information），将相关信息整合并有效地呈现则为知识（knowledge）。数据是信息的载体和资源，是客观的存在；信息是有背景和解读的数据，是知识的源头；知识是归纳总结出普遍规律的信息，是洞察和判断的基础。数据、信息和知识，是人描述和认识世界的三个不同境界。在信息社会，数据是无价值的，信息是爆炸的是具有噪音的，只有知识因其能描述事物的客观关规律和因果逻辑，反映复杂世界深层次的本质属性，而对人的观念和决策具有重大影响力。

在信息化时代，人的消费行为受到信息判断的底层逻辑控制。消费者的底层逻辑不仅需要形式逻辑，即因果律，还需要辩证逻辑，在当下环境下对因果律的特殊性判断。可以说，消费者根据信息判断来进行选择产品和服务，底层逻辑是频率决策法，而通过知识营销的进行选择产品和服务则是决策思维中的贝叶斯决策法。

而知识付费来源于焦虑感。2021年11月12日零点，天猫"双11"总交易额定格在5403亿。这一届"双11"消费者比往年更爱买课囤书"淘知识"。11月1日开售第一小时，天猫文教行业23个品牌成交额超过去年首日；1日到11日，成交破千万的教育品牌数量为去年的2倍，其中东奥连续两年成交破亿。商家增长的背后，正是大众涌动的学习热情。年轻人在自我提升的驱动下，"自我投资"型知识消费持续在天猫增长。教育品牌则把天猫作为生意的主阵地，开始了新一轮的转型或深耕。

从"知识付费"这个关键词百度指数的地域分布来看，知识付费的热闹程度显然与经济发达程度成正比。只有在市场足够大，足够细分，并且竞争压力比较大的大城市，人们才有更大的动力不断升级自己的知识系统。这是知识付费市场的需求起点。

知识付费为的是自我升级与打败焦虑感。大城市的人们为什么需要购买知识，消费知识？对知识的需求来自哪里？马斯洛需求模型认为，人有生理需求、安全需求、社交需求、尊重需求和自我实现需求。知识付费命中的是社交（陌生人社交）+尊重（社会认同感）+自我实现（个人成就感）的高层次需求。知识付费不是快速消费品，对于很多人来说，它本身就是一种奢侈品。

对于在北上广一线城市生活工作的青年人来说，最直接的情绪是焦虑。焦虑像月经一样准时而反复，每天都有不同的声音在你耳边说，"逃离北上广""15W学区房"，另一面，则是和"鸡汤"一样有毒的"鸡血"，"10天学会自媒体""教你如何写10W+的广告文"……每个人都想跟上每一次的风口与洪流，一旦停下，就意味着马上被淘汰。世界上所有的大城市都不会有"气定神闲"的气质，焦虑感是生活在大城市中注定的代价。对于这一部分人群来说，打败焦虑感是进步的阶梯。

五、如何搭建知识体系框架

如何搭建知识营销体系呢？搭建知识体系分为建立属于自己的知识仓库（收集元素）和对知识元素加工（分类重组）两步。

1. 建立属于自己的知识仓库

我们每天都在获取大量碎片化的信息，整理好你的知识仓库可以帮助你更好地吸收和调用，你可以按照以下四个原则进行：

（1）尽量把采集的信息存储在同一处，避免在不同的工具之间来回切换，损耗注意力。

（2）只采集和我目标相关的内容，并且在采集前问自己，这条信息和我有什么关系？采集了这条信息，24小时内我们能产出什么成果？

（3）建立多个知识仓库，尽量采用同样的分类方式。

（4）为了降低大脑提取和记忆信息的难度，分类数量不宜多，建议大分类不超过4个，小分类不超过5个，且大小分类之间要有逻辑关系。

2. 对知识元素加工

形成知识体系就是对收集到知识仓库里的这些知识元素重新梳理、建构，变成多维度、有逻辑、思路独特，能解决某一领域问题和需求的方法论，并从这些方法论的思路中能结合用户的实际情况和场景重新形成知识内容，然后嵌入到用户的精神世界和心智里面。从碎片化信息到知识体系，从知识体系再到知识营销内容，这是一个完整的过程，这是一个收集、梳理、延伸、浓缩、打碎、重构的过程。那如何对碎片化信息进行重新组合加工呢？

（1）为用户提供产品和服务的相关知识，如产品的研发过程、使用原料等。比如，抖音上有一个ID为"第一片叶男装品牌创始人徐每文"的人，通过对比自家品牌和大牌奢侈品的面料、工艺和设计，让用户理解他的产品更具性价比。挖掘产品文化内涵，和用户形成价值共鸣，让用户感到同样付出的费用产生更大的价值收益。

（2）专业领域的前沿研究方向和成果科普。增加企业和产品在专业领域的知识含金量和专业领域高度，让用户感到企业的研发实力和正确的战略判断，让产品和服务在市场上产生领导力。

（3）对企业的经营理念、管理思想以及优秀的企业文化进行科普。比如华扬联众广告公司制作的"沃尔沃"的知识视频，在短短数十秒的时间内，让消费者领悟到了沃尔沃里很多与"安全"相关的知识点，如三点式安全带的发明，后向式安全座椅的发明等都源于沃尔沃，而这些知识点是在过去很多传播中消费者并不了解的，通过这个知识短视频，消费者就更深度地体会到了"沃尔沃"强调的"安全"的核心价值。

从上文叙述中我们能够了解到，打造知识营销体系，首先即是要"启发性的碎片化信息"，将不同的节点碎片汇总在一起；其次要构建"有价值的知识框架"，踏实地通过碎片信息解决用户的实际问题，基础结构建设也在该阶段完成；最后形成"知识体系框架"构建，参照结构与知识点，一个完整的系统正式建设完成。

知识也可以理解为信息排序。在论文中，知识点并不属于自己，而论文的价值即是通过知识排序而最终体现出来。不难理解，就像搭建乐高城市，积木自身是没有价值的。但是，如果你能够将积木块搭建成独一无二的乐高城市，则其价值也会得到快速提升。可能乐高公司会通过上万美元购买你搭建的乐高城市。此外，苹果4代手机创造了历史，但其所使用的触屏、系统、美学设计理念等在之前的各个领域并没有突出表现，只是所有功能联合在一起后，价值也在迅速增长。仔细、认真的观察世界，并重新进行信息整合，这也是价值创造的全部过程。

所谓知识结构的创新，就是把原有在各自领域不相干的知识重新组合。把有启发性的知识进行重新组合，再向消费者"输出"一个"重新结构化"的过程，比如，写作就是重新组合知识材料，创业就是重新组合你的想法、资源配置以及各种能力。很多人以为学习就是为了知道并记忆更多知识，但这是对学习最大的误解。所以学习效率低，却找不到原因。唯一正确的方式，是根据自己的情况，深挖和重构知识之间的联系。比如我十分想弄清楚"人"这个基本概念，这就会涉及大量的知识信息。构建这个体系的过程，是极其让人兴奋的。不同领域知识交叉所迸发出的火花是巨大的，有时候在一领域上所解决的难题往往是另外一个不相干领域知识与经验给予的灵感。

知识营销产生的商业效率

如果从广义上进行分析，所谓消费者"购买行为"即是指整个购买环节，最初进行信息收集，而后进行认知比对，最终定下购买决策，并实施购买行为，最终也会对购买行为做出评价。"购买意向"则主要在消费者行为预测阶段发挥自身作用。意向决定了消费者是否产生购买的想法，或者为了实现消费目标而做出的努力。所以，消费者对购买行为的判断，购买意向通常属于关键性考虑条件。

知识营销在消费者赋能方面主要包括：与产品相关的信息，我们将其称之为客观知识；更好的解决问题的选择以及抽象能力。前者即是指消费者对产品信息的了解程度，包括能够对消费决策产生影响的信息，比较常见的如产品质量信息、内部特征信息等；后者即是消费者在选择阶段掌握的能力，如何获取信息、处理信息以及应用信息等。

一、消费者购买行为的实施

消费者通过知识内容对品牌进行感知，然后做出消费决策，再产生购买行动，这是一个动态的过程，这个过程主要包括五部分构成：第一，外部因素能够使消费者产生购买欲望。第二，购买欲望形成以后，消费者希望通过购买行为满足欲望，形成购买动机。第三，消费者自主进行产品信息收集，并最终做出消费决策。第四，实际购买行为。第五，消费者对购买商品做出评价，这也是影响二次消费的核心要求。

二、知识营销所产生的商业效率

1. 降本——知识营销让用户快速高质量地决策购买

需求动机模式是购买行为的基本模式，其包含从刺激到反映的整个过程。消费决策制定过程中，通常会依靠自身经验做出属性判断，也成为消费决策制定的重要依据，帮助自身找到与需求匹配度最高的产品，而认知过程的影响作用最为显著。如果消费者储存的知识量众多，可以比较容易地判断不同商品之间存在的差异。知识存量的规模、结构以及自身消费经验、认知水平等因素也会相互影响，其中，"先验知识"对信息获取等方面的影响最为明显。

消费者开展商品购买活动，顾客价值系统具体包括产品属性、消费结构以及终极状态三方面内容。一般情况下，不同消费者的消费经验、认知结构、行为特征等方面往往存在较大差异，企业会通过不同方式进行消费者行为引导,希望能够最终影响消费者购买决策。一方面,通过知识营销活动开展,使消费者知识体系得到丰富,进而保持更高的消费速率;另一方面,利用统一化知识系统,避免承担的沟通成本压力。这样在改善商业效率条件下,企业也不会在竞争同质化方面承担过大压力。

消费者事先了解的产品知识会直接导致购买行为发生变化,此外,其所掌握的产品特征以及属性信息也是刺激消费行为产生的关键性因素。在掌握的产品知识规模逐步增大情况下,尤其是明白产品优势时,不仅能够实施二次购买行为,同时也会对身边其他消费者产生一定影响。综上所述,企业如果能够开展科学的知识营销活动,产品复购率会得到明显提升。

将现代物联网、大数据、人工智能技术运用到知识营销,是知识经济时代营销工作又一特色。信息市场为先导,知识指导生产为前提。企业若想在激烈的竞争中使自己产品占领市场,就要从了解市场需求动向入手。通过内容的关键数据分析市场,研究市场,掌握大量市场信息基础上进行经营决策。随着知识经济到来,信息产业飞速发展,信息基础设施快速发展,电子交易与支付手段日益成熟,传统市场营销,无论观念、战略还手段上都面临挑战,迫切需要革新。对于厂商来讲,利用物联网、大数据、人工智能技术可以用最少资本投入将市场拓展到最大空间,并以较低成本提高获取数据处理信息能力。由此可见,将知识营销数据化应用,用新技术驱动目标市场选择、市场调研、内容创作、媒介发布、营销组合策略等各个环节,形成以知识营销为带动的全媒体营销变革时代。以新技术驱动的知识营销格局,就像网络媒体取代纸媒一样，依然是以继续降低推广成本为目标的媒体变革。

2. 增效——知识营销让用户感知价值，加速产品迭代

通过开展知识营销活动能够看出，成本、技术以及质量对知识营销活动开展所产生的影响逐步降低，而对感知价值的影响，三方面要素的排序则为成本、技术与质量；而且加强感知价值的传播和沟通有助于购买意向的形成，同时，在消费者对感知价值逐步提升情况下，消费行为发生概率也会明显增长。只是产品知识条件不同，消费者感知的价值结构也无法达到一致。

知识营销会对消费者的感知价值造成很大的影响，并且使消费者对产品的感知风险增加。在耶鲁大学对某一种品牌进行知识营销调查研究可以看出，有78.1%选择不购买竞品产品，主要是因为消费者不了解竞品品牌是否有自己想要的技术知识；有10.0%的人认为该品牌可信度较高，价格高也在情理之中，可以放心使用，所以忽略竞品产品。有9.5%的消费者是不清楚该品牌的优势而选择不购买。只有所有的消费者对这项产品的质量以及相关技术足够了解、特别认可时，才会选择该产品作为自己的购买对象。

消费者的购买需求和购买意愿，决定因素是厂家有没有及时了解消费者的购买需求，一是有没有向消费者充分介绍该产品的功能，二是消费者有没有明确需求，是否能正确匹配产品，以上两方面会对消费者的购买意愿产生极大的影响，也会对产品的销量造成阻碍。所以，企业在产品宣传的过程中，知识营销的重要性不言而喻，它会极大降低消费者的心理风险。

总而言之，产品的技术能力突出、质量体系完备、成本较低以及优质的售后服务体系等能够充分提高消费者对产品的认可度，也就是感知价值高，感知价值高低和消费者的购买意愿是成正比的，所以，企业发展要重视知识营销传递感知价值的过程。

知识营销最主要的特征就是创新知识，在这个知识经济的时代，企业要加强知识创新，这样才能与用户之间产生良好的沟通，使自己的产品得到提高。这个就与之前的工业经济有很大不同，工业经济要求产品新，市场新，以及产业新。所以，企业在发展过程中要培养自身的营销理念，对营销方案做细致的规划、设计、实施以及总结，在利润和公益之间寻找平衡点，保证消费者的根本利益。现如今我们国家已经成为买方市场，很多的产品都发生了供应大于需求的情况，对市场竞争环境造成了极大的影响。在这种现象的驱使下，很多企业为了寻求生存，加大了市场营销的投入，而创新型、知识型企业会利用好当下知识经济时代的大背景，更加靠近用户，不断推陈出新，满足用户的根本需求，在激烈的市场竞争中脱颖而出。

三、知识营销 4K 法则

经典的营销学理论对消费者产品知识获取渠道做了详细的阐述，主要分成两大部分，一方面是内部搜寻（Internal Search），也就是对存储在记忆里的产品信息进行归纳和总结，从而做出正确的购买策略；另一方面是外部搜寻（External Search），主要囊括商业来源（广告、推销、网络）、公共来源（书刊、广播电视、网络）、个人来源（样品试用和亲朋好友推荐）四种渠道。广告对营销行为具有很大的影响作用，主要出现在三个过程中：做出购买决策（意欲行为）、察觉及认识产品（认知学习）、对产品产生态度（情感态度）。信息搜集在消费者决策中的地位也是非常重要，合理的营销战略要充分考量用户在购买之前的产品了解情况。要及时对有购买意愿的客户推送需求信息，调动该客户对该产品的购买意愿。

知识营销是在全新的商业环境下提升商业效率的一个有效手段。中国的市场营销环境从改革开放以来发生了几次重大变革：从改革开放初期，各行各业处于蓝海阶段，产品大多数都供不应求，着重产品渠道建设的4P营销理论；到商品经济发展一段时间后，各品牌为了取得竞争优势争相以客户为中心，关注客户心智和定位的4C营销理论；再到我国经济飞速发展，物质极大丰富，商品越来越同质化，商家从产品力的竞争到了消费者需求场景的竞争，此时，关注营销场景的4I营销理论占据上风。

在当今产品过剩，各行各业都急需供给侧结构性改革的时代，营销方式随着商业环境的进化而愈加数据精准和不同维度的细分，而解决了消费场景的"人、货、场"问题之后，消费者对产品之外的精神消费空间有了更多的延伸需求，也需要更高维度和更高效率地对自我需求判断和选择。产品和产品之间，服务和服务之间，商家和商家之间，在垂直细分领域的知识科普和精神需求满足，链接"超级用户"的知识营销成为商业竞争的新空间。因此笔者在知识营销时代提出链接深度用户的知识营销"4K法则"。

在"知识营销"的过程中：Knowledge System（知识体系）、Key

Opinion Leader（KOL 意见领袖）、Keeping Communication（持续沟通）、King of Segment（细分领先）从这四个维度进行营销逻辑清理，就有可能帮助品牌实现用户从看见信息，到认知转变，再到意识加工，最后到消费转化这一过程。

1.Knowledge System（知识体系）

商业知识体系是指根据理论和实践形成的碎片化专业知识根据商业逻辑进行重新组合的知识框架。一个产品或服务建立起知识体系，他能够为消费者解决消费需求的"复杂定位"问题。在物资匮乏年代，消费者对于自己的需求是单边需求，吃饭就是充饥和味道，穿衣就是御寒和美丽，住酒店就是睡得好和享受服务，此时消费者对需求就是根据自己消费层次进行"简单定位"，在物资过剩年代，消费者成了多元需求，选择饭店，穿衣，旅游住宿不单是为了住和享受，而是为了拍照发朋友圈。

现在消费者往往在众多产品和服务的信息中迷失，形成需求错配，产生不满意和差评，经常可以看到在网络上有消费者评价某产品和服务是坑，在信息扁平化，产品同质化严重的当下，为什么还有消费者认为这是坑呢？这实际上就是需求错配。可以说，知识体系就是消费者在海量的产品和服务中进行消费选择和判断的一张求生地图，能极大提高消费者的满意度和商品流通效率。

先有知识点，再建立框架。知识营销的框架建立，可以从传统的 4P 定位理论出发，先找到产品和服务的最主要卖点和消费者痛点，就像一篇文章的主旨金句或者像一首歌的高潮旋律部分，然后再根据整体的专业知识点和产品选择的一般规律去充实整体结构。切忌在一个知识营销案例中处处都是卖点和亮点，这样会失去特点和识别性，也不要花费过长的时间去打磨知识结构，就像粉刷房子，一遍底漆先上一遍，然后重点在第二遍第三遍的补充和完成，知识体系和商业服务一样，先完成，再完美。

2.Key Opinion Leader（KOL 意见领袖）

KOL 跟普通的网红、名人是不一样的，他的真正价值在于以下三点：

Key："关键"，要在关键时刻，特别是领域内的时间节点，重大行业新闻，行业形势转折点到来的时候，站出来说明他在关注这个事情。

Opinion："意见"，在关键问题上，要说出你的观点和思考，摆出 KOL 的立场，很多矛盾事件就是要看哪一方的意见更具说服力。

Leader："领袖"，要为挺你的粉丝发声，就像一个扩音器，要把一直支持你的粉丝们想说的话说出来，所以，KOL 说的每一个观点都要思考清楚，你代表的是身后上万人甚至是上百万人。

所以想成为一位 KOL，一定要内外兼修，不仅要有学识，也要有个性。最终用自己的语言叙述方式、三观、关注点、性格，融合成"灵魂"，认同他以上特质的人便会成为粉丝。

3.Keeping Communication（持续沟通）

在知识经济时代的消费者，会去到有相同兴趣、共同话题和关注点的社群去讨论购买行为，他们因为兴趣和好奇心持续讨论同一领域的问题，在不断发展的知识探讨基础上互相影响，深化此领域的知识和专业技术，往往这些"超级用户"不是领公司薪水的雇员，但比公司雇员更专业。

拥有这些超级用户和知识社群是基于知识经济必然存在的一种社会结构，当知识已经成为成功的关键，新的有价值的资源如此珍贵，企业就不应该任由这些社群自由发展。企业组织若想从社群中学习并利用好这些资源，那么，和用户特别是超级用户的沟通就必须和业务流程紧密地结合在一起。企业从事知识营销的工作人员也必须以用户运营团队和知识社群的贡献者的双重身份，把知识社群和超级用户的知识成果和业务产品的开发需求链接在一起。

未来，具有持续沟通能力的知识型企业可能经由知识营销团队和知识社群的融合形成新一代的组织。在这些以兴趣和探讨共同问题的组织中，项目团队围绕从社群中自发生长出的需求形成产品和服务，产品和项目会经常变动，以满足随时变化的消费者和市场需求。而非正式的、自愿的结构则更稳定，因为他们是围绕真实需求而组织，这种非强迫性的阿米巴组织，弥补了从企业强行剥离，自负盈亏的"阿米巴"治理结构缺陷。因此，为了应对未来组织变革，培养知识营销团队不能仅仅看作一种经营和获利方式，还必须把他作为未来企业的基础架构来孵化。

4.King of Segment（细分领先）

市面上同一个领域下，各个细分领域的产品似乎也都齐全了。在这样的大背景下，在同一个领域下做出差异化的产品，来满足用户越来越精细化的需求，对于知识付费的内容策划人来说，是挑战，同时也是机遇。美国营销学家菲利浦·科特勒的 STP 理论（Segmentation

市场细分、Targeting 定目标用户和 Positioning 差异化定位），可以很好地解决细分这个问题。

再好的商品，也无法成为所有人的宠儿。特别是现代社会商品、信息极大丰富的情况下，想卖给所有人的产品一定不会有任何人买单。相反，用细分市场的概念开发的产品，反而能获得很多粉丝。既然再好的产品也无法成为所有人的宠儿。那我们应该怎样找到细分的标准呢？关键是要观察生活。我们需要观察人们的行为、嗜好、社会变化、广告类型等生活的点点滴滴，从中得到细分的提示。

只要一个利基市场的刚性需求永远存在，市场最多也只可能变小，不可能消失，而变小的那部分市场份额大部分都属于"不领先"的企业。而"头部品牌"，或者"头部企业"，不仅是因为这类品牌或这类企业在细分市场上产品和服务更具有竞争力，而且这一类品牌和企业往往市场占有率较高，属于"二八定律"中数量的"二"，利润率的"八"，成为某个利基市场的常青树。

就像在已经有无数品牌的奶茶市场，如果你能够率先建立一个答案茶的品牌，就能够获得很好的回报。作为知识付费的内容策划人，工作中的一个部分，就是找到符合市场需求的选题策划方向，然后做出有差异化的产品。互联网时代赢家通吃，只有第一品牌被记住的趋势更加明显。企业要以追求细分市场第一的心态，来打造和实现差异化。目前国内众多行业，逐渐都已经或者即将进入本行业竞争惨烈的成熟细分市场阶段。可以预见，越来越多在采用细分市场深耕专业领域有独特知识沉淀的品牌会取得成功。

PART 3 如何运用知识和话题营销产品和服务

知识营销是如何出现的呢？主要是因为很多专业消费者的产生，消费者已经不是过去被动地接受产品的信息，而是逐渐通过自身的知识水平主动通过各种渠道挖掘所需求产品的各种信息。中国互联网网络信息中心统计数据显示出，现阶段内，中国的网民数量已经达到了约10.67亿，本科以上学历的人数达到了总网民数量的10%，有45%的人群月收入在3000元以上。整个互联网网民中，使用知识分享平台的本科学历以上人数已经达到了80%。上面的数据已经很明显地显示出我国的网民素质在提高，高知人群数量已经达到了一定的规模，这也迫切需要企业作为商品的供给方做出及时的调整。

在这个互联网高速发展的时代，消费者也在不断升级，所有的消费者都是可以通过各种渠道获取产品知识，包括互联网以及移动互联网，通过自身的能力获取消费解决方案，要将这种方案做优化，消费者就会通过不同的渠道进行知识捕捉。所以，知识短视频成了工具，让消费者更了解产品自身，了解产品背后的点滴，相关的文化，以及对应的生活方式。当产品与品牌融为一体的时候，用户群体就会用更深的知识点去认知产品、认知品牌，这种用知识触达和影响消费者的战略就是最优的战略，短视频的出现，为产品、品牌注入了灵魂，短视频也使知识营销在产品营销中地位进一步提高。

对于知识营销活动而言，最为关键的储备优质的知识内容。如果通过开餐厅的方式进行比喻，我们可以将制作内容看成一桌丰富的菜饭，餐厅只有不断提供上好的饭菜，才能够真正留住顾客，所以，知识内容也是提高用户吸引力的重要因素。针对商品以及服务进行了解，并提高"烹饪"水平，最终利用精致的排版和表达，满足消费者在"色香味"方面的需求。可谓用户在享受了知识"饕餮大餐"后，不仅精神层面得到满足，自身视野也变得更为开拓，此时消费者无论对产品还是服务已经全盘接受，并形成价值共鸣，继而为二次消费行为的产生做好充分总结。对于企业而言，在消费者的需求得到满足后，市场占有率也会向着良性方向持续发展。

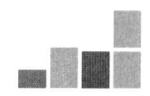

知识营销的内容准备

准备制作"知识营销"的内容要具备三个特征,和四个操作方式,此外还要注意进行精准选品和人设方向策划。

一、三个特征

1. 门槛较高

想要消费者了解具体的营销内容,必须先对目标消费者需求展开调查研究。

2. 长期性

信息碎片化导致用户想要记住单个营销事件难度较高,所以,品牌与用户沟通则显得尤为重要。针对不同类型内容进行分析,最终也会发现在产品其他维度是完全以知识型信息为主。

3. **系统性**

知识营销的应用知识与书本上的学科理论知识之间存在一定差异，所谓系统性即是要按照节奏向消费者传递信息。清楚的了解应该先表达什么、再表达什么，而且传播的时间点的选择也十分重要，才能让知识体系对用户认知产生重大影响。

二、四个操作

创作知识营销内容前最先要了解产品，做好信息搜集和整理。

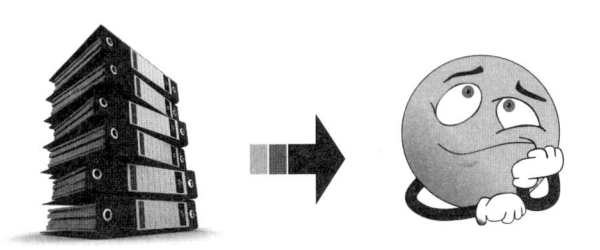

前期的调研一定不能忽略现有的口碑、舆情、人群画像等信息，避免内容一上线就被用户抓到缺点。

1. **搜集行业信息**

通盘了解客户所在二级/三级类目的整体情况：

（1）行业前景：所处行业属于上升阶段还是存量竞争阶段

（2）竞争对手：行业内竞争对手的体量以及营销策略

（3）投放渠道：该细分品类客户主要的营销渠道，素材偏好

（4）产品信息：产品自身竞争力是否过硬

2. 搜集产品信息

搜集产品信息的目的是了解待推广产品的核心逻辑

（1）产品卖点：核心科技、核心成分、主要功效

（2）竞争对手：竞争对手的产品的优势和劣势

（3）人群特性：目标受众的人群画像

（4）营销策略：价格策略、品牌策略、客户营销节点/周期

（5）口碑情况：其他内容平台、电商平台的产品口碑情况

3. 整理提炼有效信息，确定方向

将搜集到的一手和二手资料进行整理，一手资料包括亲自接触产品、了解产品、试用产品后的感受；二手资料则是通过间接沟通或其它资料了解产品。一手资料多来自个人亲身体验，把真实感受带进内容；二手资料体验感弱些，但维度广泛，获取方式更多。二手资料的来源可细分为下述三种：

（1）与品牌方沟通

品牌自身的理解往往比乙方了解得更透彻

品牌提供相关产品的详细介绍

切忌只看品牌的电商详情页

产品经理推出这款产品的逻辑是什么？

需要规避的产品薄弱点在哪里？

相关竞品的信息，了解本产品和竞品异同，优劣有哪些？

品牌销售人员和客服人员的反馈信息

（2）与用户沟通

与产品的使用者进行沟通，了解不同使用者的感受，多角度客观地看待产品，或者浏览店铺真实用户评论反馈。

（3）广告素材

各大内容平台是否有投放

小红书内关注最高的软文呈现的卖点

抖音、快手里最容易刷到的素材的包装方向

带货直播里产品最核心的推广卖点

当搜集完产品信息后，要对这些信息做整理，这个整理过程一方面是加深商品理解，另一方也是去伪存真，将其中无法辨识、有异议的内容去掉。内容整理为下图中的信息表格：

	优势点	劣势点
XXX产品基本信息	掌握核心科技，产品特别能"打"	产品平平无奇
	性价比高	口碑极差
	营销"给力"，明星代言，KOL背书	营销过度，用户反感
	大品牌，"老树开新芽"	知名度低
	赛道开创者，销量排行第一	受众过于分散，无明显特征

4. 根据产品信息表，结合产品优劣势，确定基础内容创作思路

（1）基于"某类人群及其消费场景"进行内容创作；

（2）基于"某类产品及其需求场景"进行内容创作；

（3）某些重大劣势，需要巧妙规避；

（4）无前置方向，需要做多种尝试，探索一条可行的推广思路；

（5）找到产品亮点，与众不同的地方就是你创作的起点。

上面有点咬文嚼字，举几个例子更直观：

例1：如果产品由代工出发，要思考的是从包装的方向出发，比如香水配方都差不多，为什么有的卖得好，有的卖得差？关键在于对香水定位的包装呈现是否符合消费者预期。

例2：产品超能"打"，但是知名度低，则可以考虑从产品研发故事及评测方向出发；

例3：产品不错，但是竞争对手产品极强，则需要规避正面对打或营造平替概念；

例4：产品一般，但是使用场景极广，同类产品差距不明显或因人而异，则可以考虑从晒图或者个人体验出发；

例5：产品代言人舆情不佳，一定要规避该代言人相关信息。

小 结

本章节重点介绍获取商品信息的要素，首先务必关注全网关于品牌、产品、品类的各种信息。

1. 提供给大家搜索行业和产品信息的具体 list；

> 2. 提供一手和二手资料收集信息 list;
> 3. 去粗取精地提炼"产品基本信息表"为内容创作做准备;
> 4. 根据"产品基本信息表"梳理创作思路。

三、结合受众选品

对商品以及服务形成全面了解,之后即进入素材匹配阶段,包括受众匹配等工作。不难理解,客户群体即是自身受众对象,开展匹配活动,最为基础的即是产品与服务能够对应受众需求。最为关键的即是这些素材帮助客户解决哪些问题。精准匹配后,客户掌握该方面内容才能够直接决定是否选择你提供的产品与服务。所以,无论了解产品,还是了解用户,信息匹配都十分重要。

1. 判定行业是否满足知识营销活动开展要求

参照消费环境,将决策分为长、短两种路径。如果此类产品单价较高,用户对购买此类产品比较谨慎,则选择长决策;相反,单价较低的大众消费品,一般都使用短决策。从根本来看,无论是大众消费品还是谨慎消费品,无关价格高低,都能够开展知识营销活动,只是对应的决策对象往往存在较大差异。对于大众消费品而言,由于对应的受众群体年龄层次较低,而且很容易改变消费选择,则更适合进行线上转化。而汽车、房产、奢侈品等,由于客单价更高,所以对应路径也要有所转换。此外,非电商带货类型产品,如金融保险等,在决策周期相对较长情况下，想要线上进行转化，往往无法实现目标，不单单是消费金额高的问题，更多的即是需要考虑更长时间以及更多因素，这些都限制了线上转换活动的开展，因此要通过知识营销等方式，提高消费者认可度以及信任度，这些都是导致决策变化的核心要求，而不是简单的希望利用线上转化方式，去实现企业营销目标。

2. 考虑消费者的群体画像，进而确定匹配度最高的人群

例如，如果消费群体百分之五十以上分布在一线城市，而且女性消费者数量在不断上升，则企业应当优先考虑如何解决消费者融入问题，并非单纯地进行品牌宣传。

本节主要分析如何进行产品选择，具体包括以下几方面内容：

第一，参照用户消费链，具体分为长决策以及短决策两种路径，并判定是否满足知识营销活动开展要求；

第二，将消费者画像作为商品匹配度的判断依据；

第三，参考优秀品牌案例，累积更多策划想法。

四、选择人设方向

了解和分析商品信息情况、选好了要创作的商品，那么要从什么人设角度出发来写？不同的人设角度怎样搭建、维护和完善？我们如何选择人设的整条链路呢？

选择人设方向路径：了解人设类型 ➡ 选择人设 ➡ 搭建人设并逐渐维护完善内容。人设类型我们按照创作者的身份立场大致分为三种，

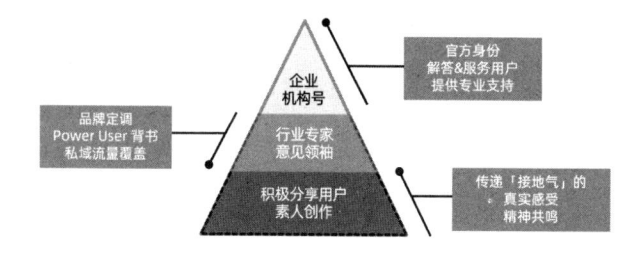

分为机构号、专家号、素人号,构建成"人设金字塔"。

到这里你可能会问,已经知道人设的分类但不清楚什么情况下该怎么搭配来用怎么办?下面来解读不同类型的人设如何选择使用。

1. 解读"机构号"

(1)基于自身的专业性,给用户提供一些有趣好玩的知识;背后有强大专业支持,可打通链路中各个环节,能大幅度让利用户、让用户有利可图。

(2)机构号方向:干货分享;培养用户品牌好感;建立品牌人设。

(3)适用:所有行业均适用。

2. 解读"专家号"

(1)有专业机构或专业背景背书,能在短时间内建立起用户的信赖,更易促成转化。但专家人设要求内容更客观、更科学、更专业,否则很容易"翻车、打脸"。

(2)专家号方向:专业领域的知识;帮助客户解决专业领域的问题。

(3)适用:电商领域PU、教育课程老师、金融保险分析师、大健康医生等。

3. 解读"素人号"——专家方向

（1）对某一垂直品类特别有研究，进行尝试并累积大量经验，具有公信力。要点在于垂类做精做深，切忌在多领域跳转，多元尝试往往并不能通吃，反而降低了权威性。

（2）素人号方向：让用户崇拜你，最终变成你的铁杆粉丝。

（3）适用：电商带货KOL种草、教育课程售卖等，倾向于长决策商品使用。

4. 解读"素人号"——亲历者方向

（1）老朋友人设，身边上岸学长学姐/亲历过的宝妈宝爸，是无比真实的一个人，与用户共同成长；朋友思维、有耐心，要做到像对朋友那样真心实意。对产品的讲解要中立，在讲解产品的优点时，也要分析产品不适用之处。

（2）素人号方向：和用户交朋友，达到共情。

（3）适用：电商使用经验KOC带货、教育课程售卖、金融保险经验分享等，倾向于短决策商品使用。

5. 人设搭建

现在你已经了解人设的类型和他们相对擅长的方向，结合商品选择人设，最后一步就是对首次使用的人设进行搭建，后续逐渐完善。

（1）搭建人设的重点

简介、头像（转化率，数据分析等选择）、主页、一句话签名（建立与用户的连接点，价值，信任）；

背景图、详细资料、成就栏；

付费作品、荣誉勋章、形象标签、分类栏。

（2）搭建人设的小细节

头像：人物头像＞漫画人物，机构号建议使用logo；

一句话简介：高价值展现；

用户名：人名，绰号，英文名（自带人设的ID）；

背景图：与头像风格一致，适配手机端；

个人资料：干货类要放大自己价值属性；情绪类要脑洞大一些，幽默；

综合人设一致性：整个账号文字风格统一，评论/私信保持互动特点，注意人设保持统一，若单账号多人创作形式需在出稿前增加审稿人职责；

建立信任：建议个人账号偶尔发布个人想法等内容，增加账号真实性、生活感；专家号能够持续输出专业方向创作，活跃私域用户。

人设账号搭建需要持续不断地更新维护，账号不是全体一致、一成不变的，尽量在前期做好搭建方向。

小 结

本章节是前期筹备的最后一个环节，选择人设、搭建与维护，这是我们的整个链路了解人设类型的开始，熟悉不同人设的方向和适用行业，通过结合前期选品选择合适的人设。确定人设方向后按照步骤进行搭建，注意内容中提及的小细节。

回顾整个第一步"内容准备":

第一环节先搜集信息、再整理提炼;

第二环节了解选品分类和案例;

第三环节先了解人设、再选择人设、最后搭建和维护。

创作内容的时候一定记得上面的三环节,活学活用,这些筹备内容会让你的创作步步为营、锦上添花。

知识营销的内容创作

产品知识的定义相对复杂，而且自身带有多维度特征，主要是指形成于消费者记忆内，与产品相关的内容以及结构信息，简单理解即是消费者了解的与产品相关的信息，或者直接能够对消费决策产生影响的效果信息。而消费者的产品知识结构则包括内容与结构两方面。国外研究人员认为，可以将产品知识分为主观知识与客观知识两种类型，其中，主观知识即是指消费者利用自身知识开展评价活动，形成于消费者信任的自身储备的知识内容。而客观知识即是在消费者脑海中形成的一部分固有产品知识，如了解产品类型、属性、功能等。

如果想要确保创作的内容拥有较高质量，然后对消费者形成有效刺激，则内容撰写阶段一定要更多地考虑消费者心理。用户在进行社区内容查阅时，首先是被标题吸引，之后才能够对内容产生阅读兴趣；如果客户已经下定购买决策，则优先想到的是是否需要当日购买，是否还存在其他选择等，如果能够直接帮助客户打消疑虑，则购买率也会明显增长。因此，创作过程要遵从客户规律从种草到购买的心理规律：

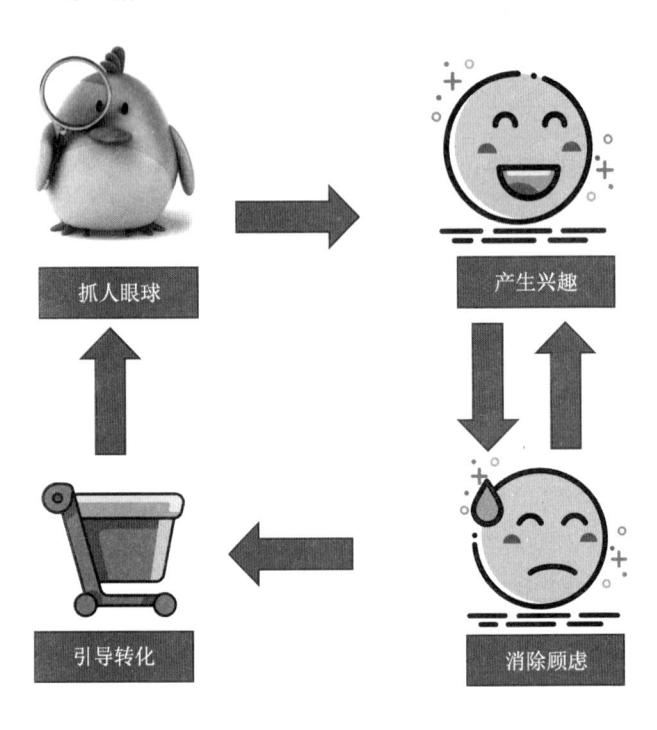

一、抓人眼球

如何通过第一眼就让用户被抓住？用户在日常浏览、搜索内容的时候，单条内容预览的停留时长不足 5 秒，想要在很短的时间里留住用户，让他们继续阅读，关键在于选题和开篇。就这一部分来说，我们来重点聊聊怎么选题、如何写好开篇。

选题路径：了解问题类型 ➡ 常规选题路径 ➡ 人群画像 ➡ 利用社交热榜 ➡ 开篇类型选择 ➡ 标题优化建议

1. 常见的带货问题类型

选题分类	基于品类求推荐	基于场景求推荐	基于品类求解惑	猎奇式泛向问题
释义	·提到具体的品类或细分品类 ·有正向形容词或对比形容词（冷门却用完真香/名字很俗却很好用）	·提问者需要解决某场景下的痛点（减肥/美白/护肤/防晒/健身/变美/提升气质/送礼/约会/穿搭） ·回答侧重提供攻略/技巧/方法/秘诀	对某一品类的功效或原理产生怀疑/疑惑/兴趣	知乎用户的内容倾向之一，圈定泛向人群，利于产品拓展圈层
选题	什么洗发水好用到飞起	你们试过最牛的减肥方法是什么	买脱毛仪是不是在交智商税	为什么有人嘴巴总是臭臭的
	有哪些香得不露痕迹的男士香水推荐	一百二十斤如何在一个月内瘦到一百斤	国货化妆品真的不好用吗	如何突破自己的颜值上限
	有哪些让你惊艳不已的小众护肤品牌	一个长得丑的男生，怎样才能全方位地变帅，改造自己	为什么我觉得白酒那么难喝，还有人会喝上瘾	有哪些看起来热量很高，实际热量却很低的食物
	有哪些比较冷门却用完真香的宝藏国货	怎么把自己的皮肤养得好好的	漱口水到底有什么用	情侣在一起时有什么尴尬的瞬间
	有哪些会让女生闻着上瘾的男士香水	送女生什么礼物会让她终生难忘	吃代餐粉真的能不饿或者减肥吗	皮肤好是怎样一种体验
	有什么又好喝又便宜的白酒	如何让皮肤白得发光	痘印会自己消吗	有哪些你觉得是常识，但大部分人好像并不知道的事
特征	垂直，重产品推荐	垂直，重解决痛点	垂直，重答疑解惑	泛向，重巧妙植入
内容重点	真实亲历的使用感受	解决具体场景下的痛点	观点和客观佐证分析	满足用户好奇心

2. 常规的选题路径

（1）关键词搜索页排行前五的高互动内容

（2）相关领域热门内容下互动最高的优质的内容

（3）相关领域"优秀博主""领域专家"创作的头部内容

（4）平台近期上升速度最快的热点问题

（5）挖掘泛话题商业价值，覆盖场景用户

3. 人群画像（参考选题工具中问题人群画像与商品人群契合度高的问题）

（1）选择长效问题，而非时效性问题

（2）关注人数：建议不少于 300 人（非必要条件）

（3）回答数量：建议不少于 10 个，避免热度过低

4. 利用社交热榜

关于选题除了上面提到一些基础方法，也可以查询微博热搜、微信热搜、百度排名、抖音排行榜等热门榜单工具，各大网络媒体平台提供最新、热门、精准、指定的问题数据和方向。我们可以利用平台提供的这些话题针对内容进行选题。

5. 开篇类型选择

内容的开篇尤其重要，只有吸引用户眼球，瞬间让用户的注意力停住，然后充满好奇地想要往下看，用户跑掉的可能性才会降低，才能达成转化目的。如何才能抓住用户眼球，吸引用户的好奇心呢？

开篇共有 5 种类型，这里分别展开举例：

（1）需求挖掘型：就事论事直戳痛处，调动注意

核心关键：需求 = 问题、挑战（焦虑）+ 方法、解决方案（自信）。

逻辑：你的问题/焦虑点是？我有怎么样的方法/技巧，可以帮你解决什么样的问题。

①启发式：

出现 xx 问题，主要是什么原因导致？

我是谁 + 你这情况，我的建议是 A 或 B/xx 方法可以解决你的 xx 问题

参考示例（考公培训知识点）：

公务员需要什么能力？是否有大局观，即能够抓大放小，选择和努力都在为大局服务；是否具备对事物的分析判断能力，即在庞杂的信息中，在并未接触过的内容中，找出重点，看到本质，将琐碎的观点高度概括；是否具备沟通能力，即能够准确理解，清晰表达。是否具备逻辑思维，输出的文字和语言层次分明、条理清晰。纯应试的学习，只去死学解题技巧，是刻舟求剑。概括、分析、提炼本质和关注现实，才是它的核心。那些一次就考上公务员的人，掌握的不是解题技法，而是思维方法。（我是谁 + 你这情况，我的建议是 A 或 B/xx 方法可以解决你的 xx 问题）

②对比式

现在的情况 + 过去的情况 –"过去存在什么问题" + 看法建议。

参考示例（颈椎曲度知识带货乳胶枕）：

你敢信，一个枕头居然把我 5 年多的老颈椎给睡好了？！！

本人女，26岁，互联网内容工作者，一天到晚都低着头猫在电脑前。脖子常年酸痛，有时候动都动不了，一动就"咔咔"响……

去年去医院检查，颈椎的曲度已经完全变直了。

后来在互联网大数据的监视下，刷直播被主播安利了躺岛的猫肚皮枕头。

③现在式

·为了达到目标，你觉得目前最大的问题和挑战是什么？/ 当务之急，你主要解决xx问题？

参考示例（XX心理学知识带货考研培训）：

100天，时间紧，任务重，那应该怎么做呢？根据心理学中XX原理，最重要的一步就是：分析自己！！我回顾自身，深刻分析了为什么会考出62分。第一，只对了四五个选择题，大题甚至有好几个完全没做。第二……

④目标式

·希望拿到什么样的结果 + 理想的场景 + 如何做？

参考示例（生物知识带货生发水）：

让我来！目前大二，2个月的时间从秃头油妹变成了金毛狮王，不知道的人还以为我去植发了哈哈哈哈哈。看了"辣么辣么"多滴推荐，感觉俺这个是最简单粗暴的，油头救星、蓬松神器，只要动动手指就可以一起get女明星同款发量！

首先我要声明！本篇文章没有人头，没有推荐，没有割韭菜，实事求是的讲！我这小半年终于体会到了换头的快乐，从低颅顶到高颅顶，从大脸到小脸，从紫色红色蓝色到金色粉色，全部都染了个遍，但头发一根没掉,现在已经变成朋友身边的发量王者了!!至于我是怎么做到的呢?

(2)塑造价值型:价值盘点

核心关键:解决方案=汇总资源(干货价值)+方法(节约成本)。

逻辑:有理/有据/有图的干货总结,帮你节省时间/利益/经验成本。

①价值资料

有理/有据/有图/认真的介绍你拥有的资源。

参考示例:

为帮助大家顺利地学习CPA,早日拿证书,现准备一份CPA全新版的学习资料,大致包括:六科思维导图、学习计划表、六科高频考点、学霸经验、历年真题、讲义、视频,等等,干货太多不一一列举了,全部打包在下面卡片内,需要的可以点击自取。

②内容价值

内容帮你解决了什么问题/汇总了哪些干货,帮你省了多少事。

参考示例:

目前对比了巧虎、可可狮、年糕妈妈、小步亲子、竹兜、同伴贝宝、点点橙。2020年9月更新了,有门小课,昨天购买了丁香妈妈和柚子鸭,还没到货,小伙伴们不要急,我会尽快把对比更新写出来给大家避坑。

③个人价值

我厉害/努力/用心,帮你总结了/解决了XX问题,让你省心。

参考示例:

饰品如果搭配好,那绝对会是巨巨巨大的加分项!这种小细节上的用心也许就会有意想不到的美妙结果。

下面这些是我这几年挖到的绝美宝藏，总有一个适合你哇！全文共4500字，太长不想看的，也可以点击上方目录跳转到感兴趣的部分哦！

（3）与我相关型：代入感、对号入座

核心关键：个人带入 = 经历（我是谁）+ 经验（我的方法）。

逻辑：通过经历背书增加内容的置信度，从而引出解决方案。

①个人经历：

用个人经历吸引，经历带来可信度。

要有细节，时间地点人物，做了什么事，能给读者带来什么价值。

陈述体：以第一人称向用户转述的口吻；对话体：用对话塑造场景让用户联想到自己代入。

参考示例：

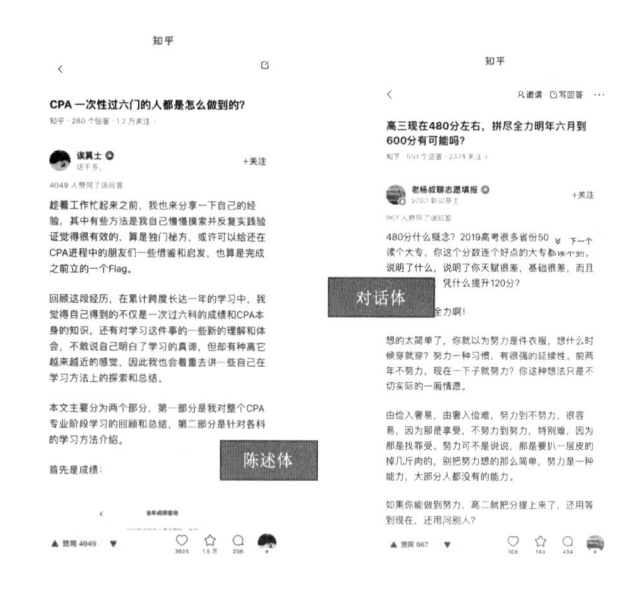

②专业经验

强调你和这个问题之间的关系,展现专业背景,证明我的知识内容具有一定权威性。

参考示例:

作为率先引入家用脱毛仪评测标准的产品人,很荣幸自己的内容给到数十万人帮助。全文原创,全方位硬核测评家用脱毛仪,内容来源于国内外专业论文+国际一流实验室+行业专业咨询+产品测试研究+产业供应链!文章内容和视频已经被很多品牌和博主copy,且行且珍惜。

(4)改变认知型:勾起用户好奇心

核心关键:错误+严重后果+给出结论。

逻辑:指出用户过去的一个错误的认识,而且用户听了会有这样的一种感觉:原来是这样!

参考示例:

怎样才能从英语很糟糕的人变成英语很厉害的人?
知乎·2,141个回答·15.1万关注

一枝五月
小镇女生在深漂中
4881人赞同了该回答

高能预警:

不要花大把的冤枉钱!要高效的花时间!通过拆解TED学英语!

每个TED最长不超过20分钟,非常容易模仿,且容易看到成效。

答主的背景:

英语专业本科,雅思听力阅读双7.5,BEC高级商务英语持证人,英语专业八级优秀等级(80分),毕业后全英文工作环境,想要帮助你不花钱零基础高效的学英语。

传统学习的途径:

背单词,地老天荒地背还是在背A开头的单词;

背语法,各种分词、从句、倒装句偏偏分不清楚;

如何运用知识和话题营销产品和服务

（5）细节吸引型：用细节打动人心

金句打造：借用金句造势。

有趣场景：有趣的东西没人会拒绝。

列数据/官方材料：用数据/材料增加权威性。

制造好奇点。

最后，给你一些注意事项。

价值点足够简单，降低用户阅读压力，一定要核心信息放在句首，而不是埋藏在段落中。

尽量使用简单句，字数也是越少越好，并且要坚决杜绝长难句。

独立成段，提高用户开头的完整信息获取能力。让用户在阅读兴趣不高，随便瞟一眼的前提下，接收到开头的完整信息，且在狭窄的屏幕上，独立成段可以极大减少读者的阅读压力。

排版舒适，每3至4行一段为宜，不可太长；几行分段，避免段落冗长，影响内容通读率。

相关性原则：人们只关心和自己有关的事情。讲故事，用自己的例子引发共鸣，且这个例子是成功案例。最好包含用户的痛点或者产品的好处，至少其中一样。故事一定是为引出客户产品而服务的。

可靠性原则：可靠的东西最有说服力。可靠的核心就是能够给人带来价值感，且这个价值感有理有据有证明。

参考示例：

高中化学成绩从40分爬到了高考的96分，我想说一句：高中化学真的不难！！想要学好高中化学，掌握下面这些学习方法和技巧，化学90分不是梦，希望能帮到化学基础差的学弟学妹们！！

6.标题优化建议

除了开篇和选题外,在内容创作时还会涉及标题撰写,提供一些技巧给大家参考:

(1)通过增加利益点的标题,提升转化率。

参考示例:

标题修改前:面试新职位时,什么样的离职原因是可以被接受的?

标题修改后:因为跳槽,我实现了月薪10K到月薪25K的逆袭。

(2)通过放宽适配人群场景,提升用户点击意愿(点击率),降低采量成本。

参考示例:

标题修改前:夏天脸出油很厉害,该怎么办?

标题修改后:脸出油很厉害该怎么办?

(3)通过在标题中限定范围,精准人群,提升转化率。

(4)通过增加高频场景、高共鸣场景、高认知度的品牌、明星提升用户点击意愿,提升点击率降低采量成本。

(5)通过在标题中替换夸张的形容词,优化点击率或转化率。

小 结

本章节重点讲解内容创作的第一步,抓住用户的目光,让其一眼聚焦在你的内容中、有进一步点击和阅读的欲望。这里我们给到大家两个提示:一是注重选题;二是提升开篇内容的质量。

选题方面先要了解题目的类型、根据目标需求选择适当的题

> 目，配合平台工具加速提效；开篇方面结合示例学习5种开篇技巧，灵活运用。关于选题和开篇用了很多的篇幅拆分和举例，内容到底行不行，还在于实操起来！多练！多练！多练！

二、产生兴趣

当你已经成功吸引到用户继续读下去，下一步就是要带出你的商品，提起他的兴趣，产生好奇，产生了解和认识的动力。提升用户兴趣的关键在于在内容中讲明白你的产品亮点和具有表现力的表达。

产品亮点路径：确认产品亮点 ➡ 解决用户痛点 ➡ 提升内容表现力；

在确认产品亮点方面分别从电商和教育两个行业拆分来看，挖掘产品价值，即从产品角度出发，展现产品本身的优势、亮点。

1. 确认产品亮点

（1）挖掘电商亮点的方式

方式一：解决某个具体问题（祛痘/护肤/美白）

参考示例：

夸爆！！！让俺黄牙变白牙的牙粉啊~比狗牙，都白！！！月销1w+的老国货，去牙渍，牙黄，色素沉淀，跟闹着玩一样，凭啥不火？？

方式二：原有产品性能一般，推荐产品有优化

参考示例：

我细细研究才发现，开架洗发水虽然特别便宜，但是那个防腐

剂的添加量真是夸张！我甚至见过一瓶洗发水里面加了五六种刺激成分！这到底是洗发水？还是王水？

方式三：产品性价比高

参考示例：

当时看上这双鞋子的时候，就对比了几个平台，发现还是唯品会最划算。鞋子这种东西，还是买有牌子的比较放心，几十块钱的那种，如果上脚非常不舒服，难受的还是自己。这双是唯品会上百思图官方旗舰店的新款，2.6 折，真的骨折好价了！

方式四：产品使用了独特原理、成分，可实现更好的效果。

参考示例：

成分：①深海泥，这个就是它吸附效果这么好的秘密了，头皮上的脏东西都逃不脱！②生姜，帮助头皮止痒。③甘草，可以护理头发，让头发变柔顺。

方式五：让你的状态/生活/个人阶层变得更好，网红都在用，你也要用，XXX 推荐等。

参考示例：

就是它，主播团队选品全票通过，去年淘宝"双 11"销量第一，退货率极低的枕头神器！！Nya 酱、子时当归、鹦鹉梨、狗甜、西门大嫂……这些红薯 UP 主都强推好用，介个枕头在小红书上更是反响热烈。

方式六：品牌优势，官方大牌认证。

参考示例：

官方旗舰店的正品，动动手指就可以省下好几十，这也太爽了吧！！一直都很喜欢在京东购物，正品有保障，物流也超级快，唯一的缺点就是价格比某宝贵一点还好有一个优惠渠道可以领券。

（2）挖掘教育亮点的方式

方式一：课程性价比高，为免费或低价课程，或者可免费领资料

参考示例：

噢，对了，我帮学弟学妹们找来了李政老师0元免费的试听课链接，如果你想提高化学成绩，或者是觉得学化学遇到瓶颈期了，都可以来感受一下李政老师的课。

方式二：课程提分效果很好

参考示例：

我是从高一开始就在努力学习，但是化学成绩一直是我失分比较严重的一科，所以高二暑假的时候，开始了疯狂的刷网课，高三第一次月考的时候，化学已经是80+了。

方式三：课程由名师进行授课

参考示例：

这位李政老师，被大家称为是化学方面唯一的神！以前是新东方化学学科教学培训师（也就给老师上课的老师），高考化学课程首席主讲，13年专门研究高考化学教学，有10年的网课授课经验！上课的过程中全程无废话，讲的都是高考会考的点，非常擅长解题技巧这块内容，知识体系很明晰，很难的知识点都能讲得通俗易懂，我们当时一起跟着他上课的学员人均提分30+！

方式四：课程内有很厉害的学习法

参考示例：

他还非常擅长解题技巧这块内容，知识体系很明晰，很难的知识点都能讲得通俗易懂。跟着学了一段时间，我的分数就从60左右上升到了80+，这还算少的，同个班上的那些人提分平均在30+。我这才终于知道，为什么他能被称作神了：授课方式和教学方法确实是别出心裁。我最大的感受就是他是真真正正把体系拆开来给我们讲解的。也就是老师常说的把书读薄，再把书读厚。跟着政哥，我也总结了一套适合自己的学习方法，毕竟要学以致用，还要形成自己的学习体系。

方式五：课程是由官方推出 / 内幕消息 / 有原题

参考示例：

大家也可以报一个网课，直接学习老师们总结好的高分答题技巧。乐学的0元免费课一定要听一下，我当年考前听了李政老师的课，高考的当天发现有80分以上的题型是老师讲过的！考完对答案的时候，发现化学选择题是满分哒。

方式六：学完能考高分 / 赚钱 / 让你生活变得更好

参考示例：

像我前面提到的10天理财小白课，老师讲课风趣幽默，通俗易懂，基金投资策略和卖出标准都有详细讲解，还能边学习、边实操，而且1瓶水的尝试成本还算是比较低的，坚持10天后会感觉到质的提升。

在解决用户痛点方面分别从电商和教育两个行业拆分来看，即从用户角度出发，展现产品给用户带来的价值、作用和改变。

2. 解决用户痛点

（1）挖掘电商痛点的方式

方式一：用户真实存在的具体问题需要解决

参考示例：

我之前还不屑一顾的认为，睡啥不是睡，还搞什么神器，难道神得让我"一觉长眠"，休想 rua 我的 RMB。但是在我脖子 10 级重度落枕之后，我还是"跟风"并买下了这个所谓的"神器"，枕了 1 个月，现在拿脖子去绕呼啦圈都没事！

方式二：对目前状态不满：皮肤不好/太黑/太重

参考示例：

黑皮对于俺们主持人上镜来说，简直是大型车祸现场！上镜要化妆，为了白点和遮住痘痘、痘印，粉底必须多打一些！结果镜头出来的效果就跟狗屎上霜一样好吗？！！作为主持人的我真尴尬的一批！！！

方式三：现有产品有缺点，想要更好的产品

参考示例：

但是现在好多针对男性的洗护用品为了加强清洁力度而忽略了使用体验，每次使用之后都会有一种干涩紧绷的感觉，甚至可能会损害皮肤，但是这款沐浴露主打的是氨基酸配方，在保证干净清爽的同时，还能自带香气。

方式四：现有产品性价比不高

参考示例：

这款主打性价比，原装就带了 6 个刷头，价格仅有 199 元，4 刷头的 179 元，建议买 6 个刷头的，性价比更高！刷头单买一个接近 20 元！！而且背面都能刷舌苔，100 天的续航也足够高，在这个价位我愿称之为性价比之王，颜值也很在线，简约大方。

（2）挖掘教育痛点的方式

方式一：从零开始学习，入门困难

参考示例：

像我之前体验过一位老师的理财课，关于基金定投讲得非常详细，边学边实操，让我真正体会到知识变现的魅力。想高效学会基金定投的朋友可以去听听这位老师开发的小白理财课，对新手十分友好。学完你会发现，基金定投和炒股的难度及花费精力完全不是一个重量级！想试试手的朋友现在上车还不晚。

方式二：学习课程比较久，但提分困难

参考示例：

一个很显而易见的事实是，高中各地区教学资源非常不均衡，老师教学水平参差不齐，在最关键的这一年里，时间就是生命，高效地获取超高质量的资源是你逆袭的保障，网课真的是一个很不错的选择，它可以高效地将高质量的教学内容送给所有的学生，学会利用好这个资源才能让你有更多可能。

方式三：产品复习时间短，需要高效提分

参考示例：

一战上岸学姐，拿我和我室友为例，我室友是二战上岸的，花了一年时间试错。她说她当时专业课不知道怎么复习的时候，如果及时求助机构或者学长学姐，说不定一战就上岸，不至于耽误一年。所以如果真的遇到了困难，用报班来换时间也算是一个比较好的选择。

方式四：想要某个效果（个人提升/赚钱……），但是没有途径

参考示例：

但是如果数学是你的薄弱项的话，这个暑假是你弯道超车的好机会。最好是提前学习高中的课程。上了高中以后，学习内容和学习进度和初中是完全不同的，提前学习能让你更快地适应高中生活和节奏，不至于一开学就变得手忙脚乱。但是我不太建议直接随便找个辅导机构就去上课了，现在辅导班鱼龙混杂，可能老师还没大学毕业呢，课程质量可想而知。现在互联网这么发达，不妨试一下网课的形式，当然这不是说要让你盲目报班，而是去选择适合自己的课程，现在很多好的网课都有试听课，可以先听几节试听课，看看是不是适合自己。这边有一个体验课程，老师们都有多年的教学经验，课程的质量和效果肯定是 ok 的，我把课程链接放下面了，感兴趣的同学可以自取哦。

3. 提升内容表现力

在提起用户兴趣方面，除了产品价值亮点方面的创作，还离不开通篇内容的表现力。以下 6 个小技巧，从细节方面，让你的内容分分钟增加表现力。

（1）定好合适的语言风格

符合目标用户基因 – 结合用户的爱好和特点，如：美妆类文案叙述要活泼，贴近生活；数码类文章侧重科普结合生活等，找不到方向可以结合爆款文风格；

易懂：拆解产品功能，化繁为简，简洁精炼、好理解，如：产品为 a 酸面膜 – 主题具象化 – 面部刷酸 – 如何去黑头；

指导性：帮助解决问题，引导操作，如：夏季脱毛有困扰 – 安利

脱毛仪

（2）表达多样性

将同一主题的文案，通过不断变化排列，找出最佳的表达方式。如表达"春天终于来了"这一个主题时，可通过不断"重塑表达"，来找到最好、最准确、最有力的表达方式。

①加一个标点，或者调换一下顺序

春天，终于来了 / 终于，春天来了 / 终于来了，春天

②增加或者减少一些字

春，终于来了 / 春天，来了 / 春。来 / 春。终于来 / 春，终来

③加入北京话元素

春儿，您来了嘿

④运用比喻

春天，是冬天的梦境

（3）覆盖关键点 + 语言精练

用户的耐心会随着阅读时间的增加逐渐丧失。文字铺垫得越长，用户对于后面的文案付出的时间就越少。

参考示例：

开头修改前：

对于美容仪我真的是太有发言权了呢，毕竟手握好几个美容仪呢，前几年，24岁前后看到自己细纹的出现就开始心慌了，这可怎么办呢？而这些问题单纯靠护肤品，完全不能解决问题呢，我就开始了尝试做医美项目，像什么热玛吉呀都尝试过，但是在医美机构里做抗衰的项目也是一笔不小的开支呢。我在抗衰的路上被安利美容仪之后，它就

在众多方式方法中脱颖而出了，优秀的抗衰效果和超高的性价比被我最终选中了。

主要问题：叙述太啰唆，而且非常长，只需要踩中关键点叙述即可，简要交代，迅速进入正题。

开头修改后：

我抗衰老用了很多方式，包括什么日本的绷带面具啊之类的黑魔法也用了，不起作用，要不是钱包太瘪，我甚至还打算用医美在脸上动刀，最后听朋友推荐，选择护肤性价比之王——美容仪。

（4）合理配图，少用动图

配图中的人物给人的感觉要符合内容中的人设，同时本着静态图＞动态图＞视频的优先级从高到低的原则安排。如必须用到数字量化资料非常重要，尽量使用图片辅证，如折线图、饼状图等。负面案例：人设为大学生，配图却是成熟的职场女性。

（5）反复强化有逻辑

通过有节奏的刺激，来让用户保持产品感知，如：反复提及产品功效、在论证负面案例或竞品时，有节奏地多次放入商品链接，提升点击率。

（6）留出空白

已知用户视线是F形，因此我们可以通过合理留白的方式。例如短句叙述，或者长短句结合，做到用户视线偷懒时，让那里恰好没有字，降低阅读门槛。

参考示例：

接下来继续给大家检验我的刷酸成果。

本人万年混油皮，夏季是大油田，春季易过敏泛红，黑头从青春期就顽固不化。Tips：我平均3天做一次刷酸，一个月刚好用完一盒。

最开始的时候，毛孔真的粗大到能插秧，皮肤状态一直不稳。

| 小　　结 |

本章节重点集中在如何提升用户对内容的兴趣，一方面我们要聚焦产品亮点和用户痛点，另一方面要从表现力上更好地展示产品价值。

我们做个简单的回顾，在内容创作时，第一环节是要抓住用户眼球，吸引他的关注，从选题和开篇两部分重点来写；第二环节是让用户产生兴趣，通过内容中撰写产品价值和提升通篇表现力来做到；第三环节是用户在产生兴趣的同时也会有所顾虑，你要通过内容来消除用户的顾虑，购买转化前的临门一脚。

三、消除顾虑

当用户在对商品产生疑虑时，最好的方式是提前考虑到用户可能存在的问题点，在内容中通过真实感以及丰富的素材来化解疑问。消除用户疑虑的关键在于以真实的素材和图片化解用户疑虑。

提升真实感路径：分析真实感差的原因 ➡ 参考爆款内容的真实感塑造方式 ➡ 结合真实感来源呈现。

1. 分析内容缺乏真实感的原因

真实性的前提来源于内容创作者是自发的经验、经历或使用后的分享，基于一定时间/周期的学习、了解，或者商品使用评测后的总结。切不可毫无依据地编造故事，如此内容本身与社区内容相违背、也不具备真实性。

问题1：内容开篇生硬推销产品，一味说成分、原理、功效，没有个人体验。

修正方案：文章开头表明身份，或设定生活场景，带入产品使用感受。

问题2：回答和自身人设不统一，如资深精密仪器领域从业者，但铺垫和体验类内容太多，未能突出专业回答和结论。

修正方案：突出账号人设，修改结构。

问题3：没有个人形象塑造，使用场景和经验叙述太少，营销倾向明显；

修正方案：在有经验的情况下，通过生活经历/生活场景/产品效用/使用场景/对人改变等方向串联思路，或以故事叙述方式也可。

2. 参考爆款内容的真实感塑造方式

（1）美妆类爆款文章通用公式

高颜值人设+第一人称叙述+图片辅助提升真实感+内容逻辑好/信息量大+有网感短句叙述。

（2）效果类种草文

开篇上生活图+产品,贴合问题,全文配合大量生活图和短句表述,展现产品特征。

参考示例：

就一个月的时间！从"草莓鼻"逆袭"牛奶鼻"！这是之前从我的鼻子上搓下来的白头；每天摸摸自己的鼻子都没有以前那种疙疙瘩瘩的感觉了，摸上去特别光滑！重点是鼻翼上粉底不卡粉，现在已经天天化妆出门了。

（3）故事类种草文

男友人设＋茶系美女＋故事＋场景＋种草带货（性别可换）。

参考示例：

男朋友的颜属于及格线往上一点点，但是身上经常会有好闻的香气。青春阳光的柠檬柑橘或者幽幽的薰衣草气息，偶尔也会散发一种深沉的檀木香。好闻到每一次见面都抱着他不想撒手。

（4）经历类种草文

侧重使用感受和使用前后比对。

参考示例：

如果光看瓶子我很有可能会错过这个洗发水……我一个女生确实不太能欣赏它的包装，可能商家是理工科成分党吧，不那么注重包装，简单的包装里面都是料。

（5）过程类种草文

侧重产品使用效果，全篇加入个人使用效果图，短句叙述，结构完整信息量大。

参考示例：

再拿手抠痘的兄弟，没女朋友活该，老子可帅的脸得有一半都是祛痘功劳！往前推2年，哥的脸类似是这样的：小爷我贼喜欢涮火锅，吃完脸上就长上火痘，女朋友老说我长痘影响她开法拉利的心情。

（6）人设类种草文

侧重某一人群，女生一般为舞蹈/艺术/空乘等。

参考示例：

从开始练舞以后，各种的脱毛膏我都有试过，只为了脱完毛皮肤干干净净的，一个黑点都没有！要是留下什么黑点，被老师看到绝对会给一个大大的"奖励"！！！"奖励"不仅肉体受累，而且心理上更受罪！

（7）博主背书+效果类种草文

内容无生活图，但效果/经历描述详细，重视使用细节。

参考示例：

主播推荐还是"顶"。我连犹豫都没有就下单了！因为像这种零添加的芦荟胶我第一时间就了解过，基本都在60+元，学生党实在囤不起而这个！高纯度白菜价！到手后马上拆开，洗完脸厚涂。

（8）明星+效果种草文，贴上娱乐热点

参考示例：

至于我是怎么做的，那肯定不是像咱鞠姐那样遗传，都是我一步步养出来的，这个小目录放这了，有需要的可以直接看对应的部分~

3. 结合真实感来源呈现

（1）人设定位精准

在选择人设的时候，通常需要考虑三个维度：自身、目标用户、竞争对手。

符合自身特性和产品品牌定位战略，能体现自身优势。

根据目标用户的喜好设定人物性格，比如：年龄、性别、个性、偏好、语言方式等。

考量竞争对手的情况，如果对方也有人设，那就要形成差异，如果没有，就要尽可能抢占"人设"的第一属性。

参考示例（美妆品类）：

外形：高颜值人物生活照；

来源：建议写手或客户、代理内部员工本人实拍，所用图片有版权，不要用网图；

（2）人格化内容

内容除了有创意之外，一个可复制的经验就是"说人话"，即使是严肃的知识营销，也要带入生活，深入浅出地去讲知识点，而不是一味堆数字和专业术语；

一定不要打官腔，把自己当作有血有肉、吃喝拉撒的人，不要害怕暴露小缺点，有缺点的品牌和产品才真实。

①正面话术格式：原理+效果

参考示例：

我看过它的成分，氨基酸复配硫酸盐，再加上抗菌控油的迷迭香，去屑的吡咯克酮乙醇铵盐，像我这种绝世大油头用起来清洁效果还挺满意的。

水杨酸也是疏通毛孔、紧致皮肤的嘛，还能促进代谢啥的。就拿化妆棉湿敷在鼻头还有脸上7、8分钟就好了。挺温和的，我是跟乳糖酸错开用的，毛孔是真的有显细，看我后边鼻子就知道了！

入手之前查过它的成分：防脱护发的侧柏叶、何首乌，促进头皮血液循环的姜黄，控油的吡哆素……何首乌和姜黄不用多说，奶奶辈都在念叨的护发成分，侧柏叶我查过，这个可是有试验证明防脱功效。

原理是水杨酸分子小并且亲油，所以能到毛孔深处撬动堵塞的污垢并排出。是简化的刷酸方法：清洁－打开毛孔－刷酸疏通毛孔－闭合毛孔！打开毛孔我一般用蒸汽机，经济实力不足的同学可以用毛巾热敷代替，再全脸薄涂一层酸，清水洗掉，湿敷就OK了。居然主打的是红没药醇与角鲨烷这种高度亲肤、温和的成分，像是雅诗兰黛小棕瓶就有这种成分，护肤效果真的没话说，怪不得每次用的时候没有一点点刺激感，简直是把身体各处的皮肤都当成脸来对待了。

②负面表达方式

单纯写学术定义："刷酸"是指用一定浓度的酸来促进角质层剥

落,帮助老废角质去除,让皮肤的新陈代谢加快,从而改善皮肤状态的一种方法。目前,根据使用的有机酸种类、浓度不同又可以分为医学美容刷酸和护肤品刷酸两个大类。由于刷酸有促进角质脱落的作用,所以又称为化学剥脱(Chemical Peeling)(仅代表实验数据,具体效果因人而异)。

专业名词晦涩难懂,却不解释,句式很长:后天的肤色调控路径最主要的因素就是紫外线刺激。它除了可以刺激角质细胞分泌 α-MSH 来催促黑色素细胞快速、大量生成色素以外,还能穿透角质细胞直接刺激黑色素细胞。

表述过于书面化:活细胞层会受到这里的水环境排斥,然后再往下深入还要考虑到黑色素细胞的细胞膜阻挡,就算进入细胞内部,还有一层细胞核的核膜阻挡,就算进入到细胞核内,还要确保只是让 MITF 不要生产那么多黑色素

一味罗列成分,不写或者忽视使用感受:苯乙基间苯二酚(377):氢醌是强效美白成分,它可以抑制黑色素形成,但因其细胞毒性以及刺激性,科学家把它的结构变换一下,创造出 377,国内限制了 377 浓度的添加量,最高为 0.5%,角质层薄、敏感肌使用 377 可能会感到有刺激性。

(3)带入场景,幽默放松地讲好故事或介绍效果

①正面话术参考:场景式

参考示例:

那瓶香水是我大学的第一瓶香水啦,室友送的,误打误撞那天刚好就喷了,他说是一种青春洋溢的女孩子的气味,还带着一股玫瑰的香甜。从那以后我就找朋友要了链接,一下子入了好几瓶。(商品链接)

②正面话术参考：情节式

参考示例：

有时候闲下来，我俩还会依偎在沙发上，翻翻之前在青藤之恋的聊天记录。然后发现双方已发记录里，就没有一张彼此完整的正面全身自拍。所以说啊，那时候我们聊天全靠脑补，去一点点构建对方的样子。好在青藤之恋的功能简单，一次只推荐5个人，而且都是认真谈恋爱的靠谱选手，如果乱推荐乱匹配，我想茫茫人海中，我可能真的会错过她。（商品链接）

③正面话术参考：效果式

参考示例：

涂在胳膊凉凉的敲舒服~（图）等个几分钟用纸这么一擦，干干净净的，还不会有小黑点留在上面！（图）脱完以后毛毛还长得很慢，关键是它还没变粗！真的绝了，真的有种相见恨晚的赶脚！（商品链接）

④正面话术参考：介绍安利式

参考示例：

这个代餐粥，是室友被主播安利试过之后又安利给我的，对的，我们是减肥路上的小姐妹~里面有很容易饱腹的紫薯和魔芋，还有超级好吃的红枣玉米葡萄干。

⑤负面表达方式

单纯写学术定义："刷酸"是指用一定浓度的酸来促进角质层剥落，帮助老废角质去除，让皮肤的新陈代谢加快，从而改善皮肤状态的一种方法。目前，根据使用的有机酸种类、浓度不同又可以分为医学美容刷酸和护肤品刷酸两个大类。由于刷酸有促进角质脱落的作用，所以又称为化学剥脱（Chemical Peeling）（仅代表实验数据，具体效果因人而异）。

"直男"言论写美妆：不夸张地说，一个快35岁的女人，看上去比我都小。这姐们的皮肤哟，真是感觉吹弹可破，似乎稍微一掐就会出水，无怪大家都说女人是水做的呢！

硬拗人设：我是一个在职场上摸爬滚打过几年的女孩子，我深知外部形象对于一个女孩子的重要性，它能够无形中提升你的自信。所以，平时我非常注重面部保养这一块。自己家里也囤了好多美容仪，同样也交了不少的智商税。所以在选择美容仪这一块，我是很有发言权的。

人设太low，像微商：拜托姐妹，你去哪个美容院做脸，她不给你推产品的？天天想着薅羊毛啊？再者说，打车不要钱？坐公交车不要钱？不浪费时间？如果不是家里有矿，初入社会的小姑娘，去美容院做护肤真的是很有压力的。自己在家做个美容，追追剧，聊聊天，轻松搞定美丽容颜，它不香吗？所以这个时候，我们就更需要有一款家用美容仪了，一切麻烦的问题将全部迎刃而解。

（4）切中消费者痛点

①正面话术参考：国货质量好

参考示例：

我有时候用它来直接泡水喝，泡出来的口感和奶茶店买的蜜桃乌龙茶的口感特像，简直是超乎我的预期，感觉少喝一杯奶茶这个钱就省下来了，国货就是v5！

②正面话术参考：国货便宜

参考示例：

目前很多国外的牌子价格都贼贵，但是效果其实都一样，那些上万的产品就不是给我们这些吃土少女提供的，直接PASS就行了，国货的价格便宜太多了。

③正面话术参考：情怀风格

参考示例：

但我们还年轻，也许我们会过着完全想不到的一种生活，一切都是未知的，但没有什么好怕的，只要我们在一起。脱单软件找靠谱的，我在青藤之恋遇见了我的ta，有了我们的故事，希望你也一样，希望你们也一样。（商品链接）

四、素材与图片正确使用

当用户对商品有顾虑时，除了真实感地表达，内容中更不能缺少丰富的素材和塑造极佳视觉感的图片，这样才更容易赢得用户偏爱。不仅能提高文字的可读性，也能让用户在页面上捕捉到重要信息，增加用户停留时长。

1. 了解图片对内容提升的优势作用

（1）用于解释说明

解释内容，增加文章可信度。有些信息只靠文字很难直观表达，或者过于复杂，需要图片来进行解释说明，辅助理解，如一些数据图片、趋势图等。

（2）用于留白

减轻阅读压力。图片能打破视觉的单调感。如果文章全是密密麻麻的字，会给用户很强的压迫感，可以通过配图调节视线，给读者一点休息空间，减轻疲惫感。

（3）渲染情绪

在文章情绪高潮点，合适的配图能搭配文案，将情绪放大。一些表情包、GIF等都是此类，跟读者进行情感上的娱乐互动。

（4）促进销售

可以是销售某一种观点，或者是说服读者做某件事，如一些商品使用场景的图片。

2. 电商行业图片

（1）产品图

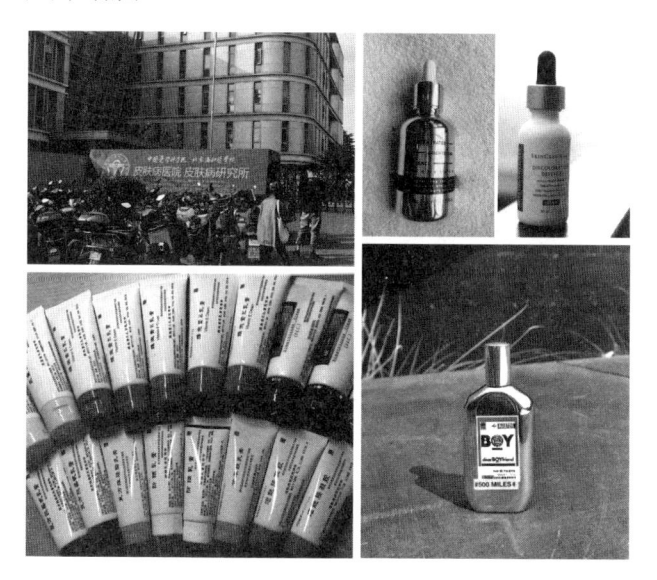

（2）质地图

（3）效果对比图

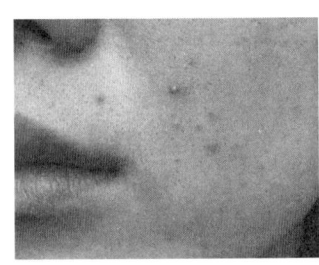

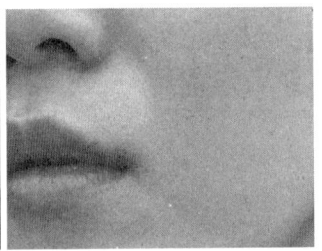

（4）产品原理/工作原理

知识营销
从零到一打造品牌超级用户

（5）使用方法、场景图、过程图

（6）趣味动图表情包（不宜通篇使用）

如何运用知识和话题营销产品和服务

（7）购买记录用以证明真实性

（8）名人代言，名人直接证明等

知识营销
从零到一打造品牌超级用户

（9）注意事项

①真实取景：建议把产品放到真实使用场景中进行拍摄。比如卫生间、浴室、户外、学习场景、校园场景。

真实性、必要性、舒适性；

多图模式视觉冲击感强，用户有代入感；

②产品图，实际场景故事图，要求真人实拍。

③加入新客户表情包的制作，易于互动和二次传播。

④借鉴来的图，都要二次编辑和制作。

⑤禁止盗用小红书等平台图片。

⑥特别注意：图片一定要是有版权的图片，一定要保证人设统一；单一图片的使用次数不能超过 2 次；效果对比图不要用同一张。

⑦不得涉及低俗行为词汇、低俗表情包、色情片演员姓名及肖像。

⑧不得使用涉嫌侵犯个人隐私的相关内容。

⑨标题和内容品类要具有匹配性。

⑩不得涉及现任外国政要或影响重大的前任外国政要肖像。

3. 教育行业图片

（1）资料干货带来资源价值，如思维导图/资料包截图，让用户产生"白嫖"赚到了的感觉。

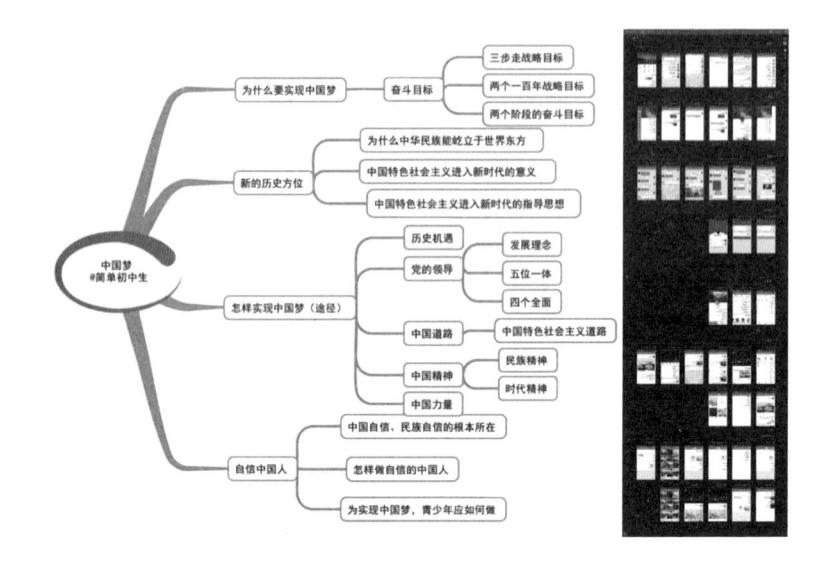

（2）学习场景，用具体场景照片，增加现场感和代入感；场景化的照片呈现故事画面，增加代入感，进而产生共鸣感。

知识营销
从零到一打造品牌超级用户

98

（3）笔记，手写更能打动人心。

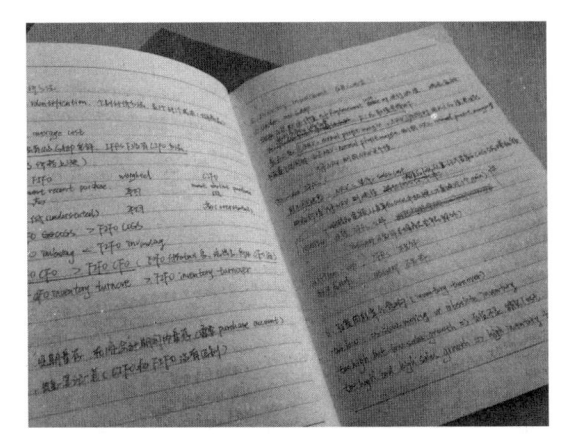

（4）表情包、GIF 带来情绪价值。

（5）成绩单、证书可用于人设证明。

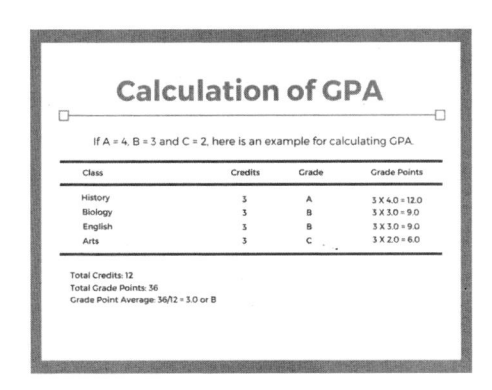

（6）表格总结一目了然，便于理解。

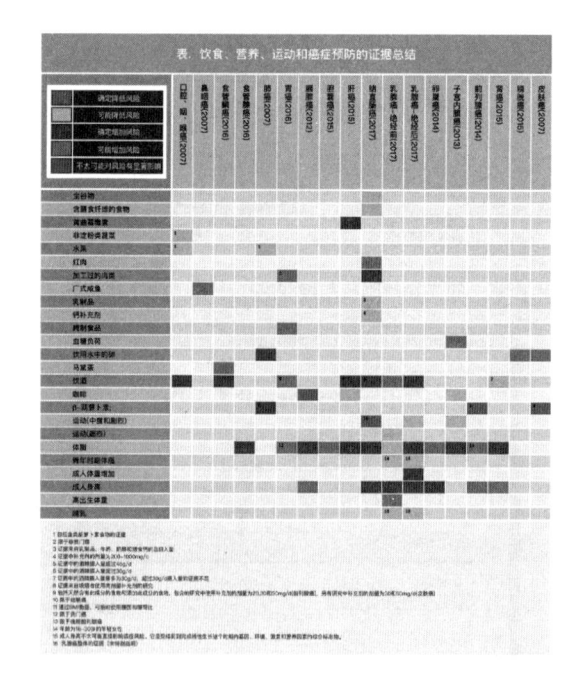

（7）官方资料，辅助、专业证明。

(续表)

2016年全国硕士研究生招生考试考生进入复试的初试成绩基本要求（专业学位类）

专业学位名称	A类考生 总分	A类考生 单科(满分=100分)	A类考生 单科(满分>100分)	B类考生 总分	B类考生 单科(满分=100分)	B类考生 单科(满分>100分)	备注
金融、应用统计、税务、国际商务、保险、资产评估	325	45	68	315	42	63	①临床医学[1051]、②口腔医学[1052]、中medicine[1057]等专业：根据教育部、"招生单位自主确定初试合格考生进入本单位复试基本分数线和其他学术要求。临床医学类专业学位硕士研究生的成绩基本要求由其他招生单位结合医学学科学位类型特点和各单位的实际情况确定。报考临床医学类专业学位硕士研究生的考生初试成绩基本要求由相关单位参照临床医学类专业学位硕士研究生初试成绩基本要求执行。" ③工程照顾领域：冶金工程[085205]、动力工程[085206]、水利工程[085214]、地质工程[085217]、矿业工程[085218]、船舶与海洋工程[085223]、安全工程[085224]、兵器工程[085225]、核能与核技术工程[085226]、农业工程[085227]、林业工程[085228]、军事工程[085229]、航空工程[085232]、航天工程[085233] ④照顾专业
审计	165	39	78	155	34	68	
法律(非法学)、法律(法学)、社会工作、警务	315	45	68	305	42	63	
教育、汉语国际教育	320	45	68	310	42	63	
应用心理	320	45	135	310	42	126	
体育	265	34	102	255	31	93	
翻译、新闻与传播、出版	350	53	80	340	50	75	
文物与博物馆	315	44	132	305	41	123	
建筑学、工程(不含工程照顾领域)、城市规划	265	36	54	255	33	50	
农业、兽医、风景园林、林业	255	34	51	245	31	47	
临床医学①、口腔医学②、公共卫生、护理、药学、中药学	295	41	123	285	38	114	
中医③	295	40	120	285	37	111	
工商管理、公共管理、会计、旅游管理、图书情报、工程管理	165	39	78	155	34	68	
艺术	335	34	51	325	31	47	
工程照顾领域③	265	34	51	255	31	47	
享受少数民族照顾政策的考生④	245	30	45	245	30	45	

报考"少数民族高层次骨干人才计划"考生进入复试的初试成绩基本要求为总分不低于245分。

（8）上课场景，证明产品使用的真实性。

最后给大家推荐可以制作图片的工具，日常辅助创作：

｜思维导图工具｜

百度脑图：http：//naotu.baidu.com

processon：https：//www.processon.com

幕布：https：//mubu.com/home

石墨文档：https：//shimo.im

ZhiMap：https：//zhimap.com

mindline：http：//www.mindline.cn

FreeMind：http://freemind.sourceforge.net/wiki/index.php/Main_Page

GitMind：https：//gitmind.cn

XMind：https：//www.xmind.cn/xmind8-pro/

爱莫脑图：https：//www.apowersoft.com.cn/mindmap-pinzhuan？apptype=aps-pin

｜流程图工具｜

Visio 流程图

迅捷画图：https：//www.liuchengtu.com/home/newfile？zhhxx3

识别图片文字软件

秒翻：http：//www.miaotranslation.com

小程序：石墨文字识别

小程序：传图识字

小程序：图转文 OCR

小程序：闪电识字

手机：相册图片识别文字

软件：讯飞语音输入法

表情包

开源表情包库：https：//github.com/zhaoolee/ChineseBQB

动图工具

Screen to GIF：

https：//pan.baidu.com/s/13m4xHk4NRn9DD3QNziLj_A

支持 gif 录制 / 剪辑工具

https：//www.xunjieshipin.com/luping

支持屏幕录制、截图、自制 GIF 等

gifcam：GIF 快速录制"需要下载软件"

Photozoom pro：图片无损放大－"需要下载软件"让图片放大后保持一定的精度

动图宇宙：dongtu.com/

GIPHY：https：//giphy.com

SOOGIF：http：//soogif.com

百度图片：http：//image.baidu.com/

51GIF：http：//www.51gif.com/

在笔者出版之日，ChatGPT 和 Midjourney 等 AIGC 生成式人工智能工具开始流行，但限于魔法上网限制和国内百度文心一言、阿里通义千问及科大讯飞、商汤、京东、360 等厂商应用效果尚需验证，因此在本书就暂不讨论 AIGC 内容生产工具，AIGC 对知识营销影响巨大，待未来与读者共同探讨。

> **┃小　结┃**
>
> 　　当用户对商品产生疑虑时，首先要从真实感上提升内容的可信度，其次通过素材和图片给商品做背书。
>
> 　　在提升真实感上我们提供了一些实操的技巧，而素材和图片方面分电商行业和教育行业分别给大家8种图片形式以及参考示例，后续可在内容实操中参考使用。

五、引导转化

当一篇内容到达这个阶段时，恭喜你，已经离胜利非常接近了。用户对你的内容产生兴趣且一直阅读到这个阶段，需要给到用户关键的引导转化步骤。

引导转化路径：商品链接的放置和使用频率 ➡ 商品链接的描述与配图 ➡ 知识跳转的落地方式 ➡ 落地页设置参考

1. 商品链接的放置和使用频率

要注意不要过早暴露自己的营销目的及位置，信任尚未建立，容易引起用户反感，要用干货引入，引导语过渡，才能出现商品链接，硬插、过早的插入都是不合格的。

插入链接位置主要看文章字数，一般文章 2500 字左右，每间隔 500 字左右可插入一个，长篇文章建议放 3 至 4 个商品链接，商品推荐多的，可增加商品链接数量；内容结尾最好放一个商品链接。

2. 商品链接的描述和配图

关于商品链接文字描述有几个注意事项：

（1）基本原则：要承上启下、突出目标人群、突出产品卖点、刺激用户痛点。

（2）建议不要超过 30 个字。

（3）尽量精简，承前启后，多用数字，字母，产品卖点、吸睛字眼，如：免费、6 小时、立减 100 元、限时折扣。

（4）同样不能过于硬广告，如：加微信一起交流；分享给你 2G 学习资料，有问题随时私我；免费咨询。

3. 知识跳转的落地方式

确认商品链接的图片和文字后，要根据商品的落地形态来选择合适的承接方式，按照常用行业进行了标注：

（1）留学资讯 H5：普通卡片 → 表单集资 → 销售进行初步有效性筛选 → 线索分配到留学咨询老师联系跟进 → 试听 → 转化

（2）淘宝/京东：普通卡片 → 淘宝/京东唤起 → 加购 → 下单 → 转化 → ROI

（3）QQ 群：普通卡片 → QQ 群唤起 → 加群验证 → 老师跟进 → 课程试听 → 转化

（4）小程序唤起：普通卡片 → 小程序唤起 → 注册 → 老师跟进 → 课程试听 → 转化

（5）私信：私信商品链接 → 智能私信 → 自动回复/关键词回复/营销图片 → 形成转化

（6）微信：普通卡片 → 微信号唤起 → 个人号加粉 → 客服跟进有效性筛选 → 拉群 → 形成转化

如何透过知识话题和目标用户沟通

话题的定义：话题是内容和互动的中心，但不限于谈话的中心，加上各种意见才是一个充实的话题，其实也就是我们日常生活中关注的各种事件的概括。在社会经济高速发展时期，大家对同一个问题会有很多不同的看法，这些不同的看法加上这个问题就是一个话题。

话题的作用是，娱乐度过无聊的时光；沟通引起他人的共鸣；社交促进人与人的交流。成功的话题还可以引起轰动效果，失败的话题就等于找骂，甚至可能引发一场"血案"。话题和问题区别是，话题是一群人共同讨论，没有什么具体的答案；问题有具体的答案。话题开始于答案，问题结束于答案。话题具备发散性，问题具备逻辑性。

从"广而告知"到"广而认知"，从"知识付费"到"知识营销"，一个以知识点为案例背景的探讨，希望带给大家一些启发，以"知识"为连接，寻找品牌的切入点，是产品的科普，还是知识产品的共建，抑或是一个有关品牌活动的主题提问，一切因"知识"而变得"妙趣横生"。

传统的理论指出，消费者知识的研究领域是独立的，消费者对知识的掌握是非常重要的，主要包括两方面：一是对产品熟悉度；二是以前的产品知识。而如何对消费者知识进行测量呢？主要还是收集消费者的购买次数、客观知识以及自我的陈述等几方面。知识不管采用什么样的方法进行测量，都说明消费者知识不是单一的维度，而是多维度的。

笔者发现，在各大平台中，发布的内容场景中都有"话题"功能，用户发布内容时，需要"至少添加一个话题"；平台各大热门频道，信息流优先排序的也是"近期热门话题"；甚至在创作者内容中，会推荐一些相关"相关话题"增加流量。

所以，我们研究知识营销，主要可以从下面几方面考虑：

（1）熟练掌握和持有产品知识和程序性技术。

（2）了解产品知识以及新信息的编码能力；能够对优质信息进行筛选。

（3）一是能够获得产品的相关知识；二是记忆信息，该信息能够合理帮助消费者解读新信息。

（4）主客观知识；这两部分主要包括对产品知识的自信程度以及掌握程度。

（5）运用所掌握的产品知识，进行目标产品执行消费行为。

一、知识话题的本质和重要性

知识话题和新闻话题不一样。新闻话题是针对某个事件，知识话题则是针对某个知识领域最新最特别的知识点。知识话题搜索了解的人多，参与互动的人多。前者之所以会激发搜索，可以理解为"大众想知道"，而"想知道"又可以理解为因与以往认知不同所产生的好奇心。（此处好奇心所激发的知识，与我们一般生产生活中所需要的知识存在一定的不同。如为了更好生活和工作后的学习知识，因意识到某一困境，觉得自己需要知道某方面的知识并开始进行学习；而好奇心激发的知识学习是通过将脑海中常规的认知直接打破并摆在面前而激发的想知道——"为什么"）。知识话题互动的人多少，可以借鉴产品与市场的概念，每一个话题都有对应的市场，话题越大讨论者就越多，而讨论者越多，流量才会越多。回到知识话题本身，就是指是否有足够多的人对这个知识点感兴趣，因此我们设计知识话题时，必须将受众的兴趣范围纳入其中。好的知识话题能给用户的观念带来矛盾和冲突，打破观众固有认知。在知识营销中打造知识话题，把知识放在熟悉的事件场景里进行病毒传播，能让大量用户迅速产生原来如此的顿悟感，从而产生网络爆点。因此，我们说，话题是知识营销的灵魂。

制造知识话题和用户沟通的本质其实是一种病毒传播，知识营销人员在社交网络或社群中抛出一个话题，话题自身的传播性或者借助知识博主的传达能够让公众产生兴趣，进而在社交平台上进行广泛讨论，形成各种UGC内容并通过社交网络在用户圈层当中形成病毒式传播，从而产生广泛的讨论度，令应用该知识的产品和服务受到关注。一个好的话题，可以是一段视频，也可以是一段文字，还可以是一段图文。关键是要真情流露，能够触动更多人的内心情感。要知道，就像病毒RNA的复制原理，"情感"是"病毒"的源泉。

当然，光有情感还不够，还得找到易感人群，这群人可能是因为同病相怜，也可能是因为臭味相投，还可能是因为志同道合。不管出于什么原因，能够参与一个共同话题的易感人群，要么有过相似的人生经历，要么有着共同的兴趣爱好、是非观念、宗教信仰等，一定是因为这群人有一个共同的价值点，才能把大家链接到一起，让大家快速地获得参与感和成就感。就像打上相同"标签"的一类人，"同理心"是寻找"病毒"易感人群的最佳途径。

有了易感人群，就必须做到让"易感人群"参与创作、编辑、篡改、评论及PK，通过话题运营把"易感人群"打造成"精神领袖、意见领袖"。只有融入"易感人群"的智慧和思想，发生化学反应，"变异"后才能形成快速裂变。要知道，炫耀是"易感人群"的天性，尤其在"以天下为己任"的大是大非面前，这群人绝对不会含糊。让"易感人群"成为话题的"精神领袖、意见领袖"，快速获得参与感、成就感是最重要的。

话题在哪，社交在哪，社交在哪，流量在哪。流量在哪，营销便在哪。通过话题的前三步，只要运营水平还勉勉强强过得去，都是可以带来一定的流量的，如果运营水平还不错，懂得炒作的话，流量是相当可观的，如何把流量变现成了很多话题社交运营者的难题。话题社交运营的目的，就是要让参与话题社交的"易感人群"变为"超级用户、意见领袖"的同时，成为"知识病毒"的传播者和受益者。

二、知识话题营销的方法

1. 第一阶段：制造营销话题

话题营销，从字面上分析必须有话题，并且这种话题是当下流行的，是容易传播的。如果这个话题不够新颖，就不会引起过多的关注，消费者也就不会对话题带出的知识感兴趣。社会化媒体平台是营销话题最重要的传播途径，社会化媒体会对具有"新奇特潮"特点的话题进行优化，以各种有趣生动的形式传播，使话题更容易被接受，并且这种知识话题也会被网友所讨论，在其中宣传产品，就能使产品受到更多的关注。

在话题的导向定位上，产品与话题之间的关系是需要模糊化的，只有当话题热度达到一定程度之后，再以一种"不经意"的方式带入产品信息才是最合适的。在话题营销上，一定是话题为主产品为辅。还有一点，在制造话题时，尽量找自己熟悉的话题写，否则可能花费大量时间却仅仅获得很少的传播回报，甚至是负面效应，得不偿失。一定得亲身体验产品或服务，因为很难想象在没有亲自体验的情况下，一个人可以对产品做客观公正的评价。话题营销的基础是客观、实事求是。

所有营销活动的前提都要认准营销的目标群体是谁，他们需要什么，有什么特点，然后"对症下药"，进行有针对性的营销策划。而如果品牌的目的是"火出圈"，那么它的目标人群就是所有能够使用网络的人群，也就是说此时营销的目的是扩大品牌在公众当中的知名度。然后，了解当下的大众消费群体有哪些特点，对什么感兴趣，据此来拟定话题。

2. 第二阶段：多渠道宣传

社交网络是话题的载体，如果社交网络休息，那么话题也就随之消失，但单单依靠具有传播性的话题对产品进行宣传还是势单力薄，要将有用的信息进行整合，为这个话题注入活力。并且在多媒体宣传时，不能单靠一个载体，要多管齐下，将各种媒体都利用起来，这样能扩大覆盖全体，达到最优的营销效果。

光有好的话题策划是没用的，还需要将话题推广出去。既要选择核心渠道，又要整合多渠道，同时也要辅助水军、小号等。核心渠道集中人力物力推广，多渠道同时发力，相互引流，由点带面，层层爆破，扩大战果，最后实现多赢局面。

在对目标人群进行过调研与分析之后，结合品牌特点或者产品、服务的特色来拟定一个适合大多数人参与、并且具有传播潜力的话题。一般来说，话题需要设置成具有吸引力、让人产生情绪点的效果，如新奇、幽默、悲愤等情感，引发大众点击话题进入话题页面进行互动与讨论。在话题的用词与表达上，品牌也可多做揣摩，以达到更好的传递效果。

在拟定好话题之后，需要选择一个合适的平台进行发布，比如微博、抖音、小红书、B 站、快手、公众号、视频号、贴吧等都是非常好的内容社交平台。以抖音为例，因为用户量大、活跃度高、内容丰富，品牌乐于在这一平台进行话题的发布，同时，抖音的大 V、明星等具有意见领袖影响力的用户可以成为品牌初期分发话题的得力助手。这些 KOL 的影响力和号召力首先会让其粉丝注意到话题，再通过粉丝们的转发、评论等扩大热度，引起其他用户的注意。

3. 第三阶段：后续话题跟进

产生一个话题，并且将该话题宣传出去，不管使用什么样的方法，过一些时间后，这个话题也会逐渐消失在广大消费者的视野中，所以话题要有连续性，要将话题及时更新跟进。如果这个话题足够引人关注，那么一定要有后续话题，使整个话题更完整，持续时间更长，使营销影响力达到最佳状态。

最后，简单做个总结：一个好的话题，一定是源于生活，服务于生活的，且能够做到让参与者人人受益的。一个好的话题，可以为"易感人群"带来快乐，即便是一个坏的话题，也可以让"易感人群"更加容易看清"庐山真面目"，找到问题的本质及解决办法。作为话题社交的运营者，话题社交运营的好坏有四个衡量指标：

（1）话题给"易感人群"带来了哪些实实在在的价值；

（2）易感人群的参与度及活跃度如何，即用户流量；

（3）易感人群停留在话题社交的时间，即用户黏性；

（3）易感人群带来的商业转化率如何，即商业价值。

其实，话题营销就像讲故事，故事有始有终，故事有细节有跌宕起伏。在品牌通过话题达到了营销的预期效果之后，由于时间的推移，用户们的注意力和热情也开始退散，此时再推出后续话题，不仅能借助话题的"余温"再秀一波存在感，同时也能达到"善始善终"的效果，提升口碑与形象。而且，后续话题能够避免原话题对用户造成的审美疲劳和腻烦心理，使其热度不减。

关于话题传播的转化，笔者认为要注意以下三点：首先，品牌口碑的传播，以及影响力的提升是最主要的，尤其对大中型品牌来说，话题营销带来的口碑远胜于铺天盖地的传单和广告。其次是销售转化。关于这点不得不提情怀带动购买，这也是话题营销的魅力所在，爱到深处，就是剁手买买买。阿芙精油的话题营销一直做得不错，大家不妨学习一下。最后，要说的是舆论监控，毕竟媒体是一把双刃剑，在大规模曝光的同时，舆论危机管理也是持续考验营销人员的重点。

三、知识营销传播的方式：裂变

知识内容如果想快速、广泛地触达用户，最好的方式就是裂变。关于裂变，你可以想象为细胞分裂、病毒传播或者是人类繁衍，也可以理解为一句俗话叫"一传十，十传百"。策划裂变的目的是，希望既有的用户帮你推荐更多的用户。

知识营销中应用最广泛的行业当属知识付费。首先设置一门试听课或者低价课作为诱因，引导用户通过公众号生成带有专属标识的海报，邀请指定数量的好友关注后可以获得这门低价课，这种活动屡见不鲜。当然知识营销的裂变不仅限于这一种场景，当我们理解它的原理之后，我们也可以更好地使用它进行营销传播。

1. 裂变过程中的三个角色

裂变模型分为三种角色、三个转化率以及裂变系数，如下图。

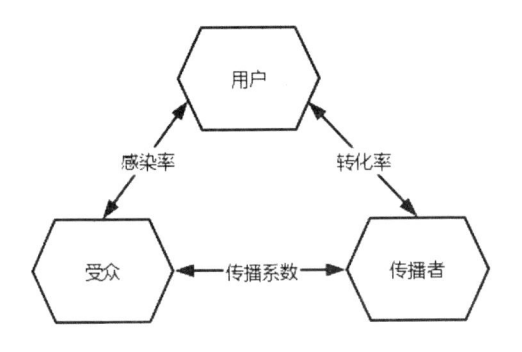

图三：裂变模型

比如：

（1）当我们点击这篇文章或者短视频内容开始阅读后，就拥有了一个初始的用户身份；

（2）看完这篇内容，觉得写得还不错，所以你把这篇内容转发到了朋友圈或者社群，此时你的身份就是传播者，转发时如果附上了自己的备注，那效果更好；

（3）你有20个朋友看到了你发的这条朋友圈，他们的身份就成了受众；

（4）有10个朋友点击阅读了这篇内容，他们的身份就从受众成了用户；

（5）如果这10个朋友中有5个把这篇内容转发到了微信群或者朋友圈，他们就拥有了传播者的身份。

那么，我们应该如何评价一次裂变活动的效果呢？要用到裂变系数这个公式，也就是评估一个用户可以带来多少个新用户，公式如下。

裂变系数 k= 新用户数 / 用户数

= 转化率 × 传播系数 × 感染率

= 传播者 / 用户 × 目标受众 / 传播者 × 新用户 / 目标受众

根据裂变系数公式可知，裂变活动的效果与三个指标有关：转化率、传播系数、感染率，接下来我们分别讲一下如何提升这三个指标。

2. 如何提升转化率

转化率 = 传播者 / 用户，也就是让更多的用户参与传播。针对这一点，主要有两个优化方向：

（1）降低用户的分享门槛

先给奖励，并尽量不要让用户付出成本。这个成本不光指的是财务成本，还有时间成本、决策成本等。假如我们做了一档活动，用户完成之后领取奖品时，突然提示用户要填一个很长的问卷，用户大概率就会放弃领奖，并对你的活动或你的公众号丧失了信任，信任的建立是很难的。

去掉一切不必要的门槛、规则、限制。你的活动目的是让用户邀请好友关注公众号，但你又设定了多种规则，效果自然不好。比如你只要 18 岁以上的女生，并且还要是一线城市的；又或者是你的活动奖励是满 200 元减 30 元的优惠券，限制太多只会影响活动的效果。活动规则要做到极简，让人一看就懂。

以参与者的视角设计活动页面和流程。当我们设计好活动 Demo 后，最好拉几个公司内部不同部门的同事来进行体验，并提出自己的感受和优化建议。要知道，你的目的是要吸引更多的用户来参加活动，活动流程无卡点，页面流程明确，才能降低用户的参与门槛。

（2）提高用户的分享欲望

设置明确有吸引力的目标：如果你的活动没有明确的目标，用户看到活动之后也会是一脸懵，不知道做什么和如何做，这样活动效果也会很惨淡。

降低前期难度：比如某电商平台的砍价免费拿活动，一个价值100元的奖品，如果你邀请的前几个好友，都只给你砍下去了几分钱，那你肯定会尽早放弃了。参加过这个活动的朋友都知道，实际上前几刀会"砍掉"很多钱，到后界面砍价的金额就会越来越少，离目标也会越来越近。

设置大额奖励：参与过春节集卡活动的应该都知道，抖音会设置8888元的随机红包，支付宝会设置花呗免还的随机名额，给到用户一个足够诱惑的奖励，让用户产生"没准就是我的"感觉。

增加限时条件：一场活动可能会跨越比较长的时间周期，活动效果自然也会逐渐衰减。在活动过程中适时增加限时条件，来维持活动热度，是一个不错的选择。比如"双11限时红包雨""除夕夜晚8点限时抽红包"等。

鼓励适度投入：这里其实是增加用户放弃的成本，推着用户往前走。还是拿砍价免费拿活动举例，对于用户来说，随着投入的时间成本逐渐增加，离目标越来越近，用户放弃的意愿也会越来越小。

3.如何提升传播系数

传播系数 = 受众 / 传播者，也就是传播者能够将活动分享给多少受众。可以从利他、利己和传播渠道三个方向进行优化。

先说利他因素。比如说我们看到了一篇讲运营方案的知识内容，觉得写得不错，于是你转发给你的运营同事。在这个过程中，首先你作为传播者，你对这篇内容的认可度越高，分享的成本也就越低。你分享给你的同事之后，他并没有点击阅读，那其实这次分享就是无效的，同事作为我们的预期受众，他的认可度越高，他越可能打开看，我们的分享成本也就越低。又或者说，我们这篇内容不点对点地私聊发给我们的同事，我们发到朋友圈或者社群，谁愿意看，谁有需要，谁就自己点开看，这里就是一个需者自取的逻辑，他的辐射范围会是更大的。还有一个因素是人设，你把一篇讲运营的内容分享出来，其他职业的朋友可能就不会点开这篇内容。

接着说利己因素，这里还是拿春节集卡活动来举例子。比如支付宝集五福瓜分现金活动，集五福就是你的任务，完成任务就可以拿到奖励，可以说任务机制是很强的驱动力。在用户欲望最强时引导用户传播，比如刚开始活动或者即将达成活动目标时，用户无论是欲望还是情绪都比较高涨，此刻引导用户进行传播，效果也会比较好。当我们分享出去后，我们是希望被分享者给予我们帮助的，此刻要加入一些对分享双方的回报机制，例如通过分享者的链接进入活动，被分享者也可以得到随机的奖励。在整个过程中，如果能结合利己和利他同时使用，效果也会更好。

4. 如何提升感染率

感染率＝受众／用户，我们分享一个活动或一个内容，针对如何让被分享者也参与到活动中来，可以从以下几个方面入手。

现在互联网上的信息很多，用户每天接触到的信息都是海量的。所以第一眼是非常重要的，去除活动中的冗余信息和不确定性，只留一个核心元素，让用户一看就懂，一句话就懂的活动规则肯定比一大段活动细则效果更好。另外要增加用户的信任程度，要综合考虑直觉感受、时机、氛围以及验证成本。比如我经常在某短视频平台刷到9.9元秒杀汽车的广告，给我的直觉感受就是不可信的。我按照视频中参与活动的方法进行了操作，发现的确是假的，这个验证过程所付出的时间就是我的验证成本。最后还要增加用户的行动力，让用户看完之后觉得自己也要试一下，这里可以采用的方法很多，比如：群体效应（已经有999人参与了活动）、好奇心（邀请好友拆盲盒）、有用性（好用的软件或好看的内容）、话题性（时效性强）等，这里就不再赘述。

PART 4 如何让知识营销变得吸引人

用"产品人"思维把握消费者的问题和需求

产品知识对于消费者的感知质量具有重要影响,进而影响着消费者的购买行为。产品人思维其实就是一种解决问题的综合性的思维,进一步把问题解决方案产品化的过程。具体到知识营销,就是发现用户问题和需求、分析用户问题、解决用户问题。在知识营销中,具有产品人思维就是把解决用户需求和问题的方案形成一个标准化产品的能力。什么是吸引人的知识?就是准确把握消费者不断变化的需求和痛点的知识。而光有吸引人的知识内容能满足消费者需求还是不够的,还必须形成标准化产品,否则不利于该产品或解决方案的复制和迭代。那如何使用产品人思维开展知识营销呢?

首先,要发现用户的问题和需求。发现问题的渠道,通常是从用户中发现,从生活和工作中发现,从数据中发现。

要从用户中发现。是一种比较重要的思维方式,任何产品的出发点，都是为用户解决问题。你需要把自己看成消费者，在遇到同样的情况时，你会做什么选择，有什么样的感受。

要从生活和工作中发现。随着日常生活的丰富，我们在生活和工作中，也会遇到各种各样的问题。我们遇到的问题，也会有人遇到相同的问题。那么这些问题就会成为共性，有待解决。

要从数据中发现。数据的增加、减少，都是对业务情况最为精准的反应。最简单的，如果某个功能使用的用户数比较多，那么可以看作该功能是比较成功的。

其次，可以用丰田5W法分析问题。5W分析法就是对单一问题连续以5个"WHY"来深度追问（不一定是5个"为什么"，也可以是3个、10个），以追究其根本原因。也就是我们常说的打破砂锅问到底。丰田5W法的关键在于鼓励解决问题的人要努力避开主观或自负的假设和逻辑陷阱，从结果着手，沿着因果关系链条，顺藤摸瓜，直至找出原有问题的根本原因。丰田汽车公司前副社长大野耐一曾举了一个丰田5W的经典案例：

Q1：为什么机器停了？

A1：因为机器超载，保险丝烧断了。

Q2：为什么机器会超载？

A2：因为轴承的润滑油不足。

Q3：为什么轴承会润滑油不足？

A3：因为润滑泵失灵了。

Q4：为什么润滑泵会失灵？

A4：因为它的轮轴耗损了。

Q5：为什么润滑泵的轮轴会耗损？

A5：因为杂质跑到里面去了。

经过以上连续五次不停地问"为什么"，才找到问题的真正原因和解决的方法，那就是因为润滑泵的轮轴会进杂质，所以要在润滑泵上加装滤网。

然后，用知识内容＋产品服务形成解决消费者痛点的解决方案。互联网产品的本质，就是相比传统行业，有更高效的解决方案。商业的发展方向，一定是向着更高效率的方向发展。通过提升业务参与某个或多个主体的效率，能大幅提升交易。要高效解决用户问题，就一定要提供最简单、最易理解的操作，把复杂的业务操作留给自己。把少留给用户，把多留给自己；把简单留给用户，把复杂留给自己。为了用户的少、用户的效率，我们要做更多。

如果把上面丰田的案例用知识营销进行解决方案设计，润滑泵装上滤网是丰田公司的需求（注意，不是购买滤网是装上滤网），那么，如果你是丰田公司的供应商，你该如何用知识营销来取得丰田公司的优先采购权呢？我们可以从滤网的技术知识在产品中的应用去做内容输出，也可以从滤网的安装工艺上去做内容输出，这样就把公司的产品和服务结合起来了。

最后，把问题解决方案标准化形成一个面向有共同需求的客户的产品。通过归纳提炼，总结共性，把发现问题、分析问题、解决问题形成一个标准化的流程。这样做的好处在于，不论思考任何问题都可以遵循这样的流程。

合理运用知识营销策略,有助于培养消费者的产品意识,这也会进一步提高企业自身的产品价值。产品知识的构建需要产品意识作支撑,这也是构建产品知识的首要步骤,建立产品意识是构建产品知识的第一步,对于消费者的观念,往往是将好的产品、品牌价值高的产品认为是内涵丰富的、产品属性以及生产企业是优越的等。该种意识形态已经深深地与特定品牌结合起来,更有甚者品牌已经成为一类商品的特性。例如杜蕾斯是安全套的代名词、滴滴是网约车的代名词、可口可乐是碳酸饮料的代名词等,消费者在消费时无意中就会提起品牌名称。这种知识营销方式对于消费者产品意识的构建是十分重要的,能够使消费者在消费时产生联想产品,这样使消费者的购买欲望更加强烈。所以,产品意识和产品知觉打造的核心是打造独特的品类。

对于消费者产品意识的提高,一是开发要素识别系统,这套系统要具备完整性。对于消费者而言,认知产品的过程是有步骤的,首先要识别各种基本的要素,包括产品代言人、产品名字、产品标识、广告口号。产品识别系统的完整性在知识系统中非常重要,所以企业要具备这种能力,并且利用知识营销理念改变消费者的产品认知。原因在于消费者对于产品的熟悉程度是与回忆率成正比的。对于新上市的产品,知识营销时要注重与产品类别的结合,加强消费者的产品类别意识。

产品意识与产品知觉是相辅相成的,对关联网络这一记忆模型进行验证,消费者产品联想强度与激发联想数量的能量是成正比的,前者强后者也强,也就是说其对产品的熟悉程度越高,对该产品的联想内容越丰富多彩。能够让消费者看到产品就能够激发出强烈的联想意识，在这个过程中逐步将产品意识建立起来，加强产品的知名度。至此，知识营销的产品思维可以概括为：将产品以及服务进行有效整合，要时刻考虑消费者的真实需求，并且将用户思维、数据思维整理总结，发现问题迅速解决问题，运用知识和原理将解决方案可复制的思想。

用"策展人思维"把最吸引人的知识精选展出给消费者

吸引用户的知识营销,品牌输出的内容不仅仅需要有对消费者的洞察,还要有有目的性的逻辑规划。也就是第一步要先确定目标,第二步确定实现的逻辑流程,说白了就是先想好做什么,之后怎么做,创作力就是之后怎么才能做到好的问题。大多数没有效果的知识营销方案,就是缺乏策展人思维,不了解用户最关心哪些知识点,也无法引导用户实现一趟引人入胜的知识之旅。

策展人思维和我们身处的互联网时代,有一个底层逻辑的差异:我们在互联网上、在真实世界里总是追求更多,总是要好奇、要增长、要突破、要摆脱束缚。所以,专注成了一个天大的难题。但是在一个展览里呢?我们安于待在一个小世界里面,乐此不疲。展览是一个非常有意思的现象,我们安于一个小世界,我们欣赏、回味的就是那些被选出来的东西,我们在里面非常专注。而且,请注意,这是一种主动的专注。而展览有哪些特征呢？第一，它有一个被营造出来的意义。第二，它有明确的起止时间和空间的边界。

一、好的知识展览包含五个要素

1. 片段选择

展览就是选择特定的展品给特定的人看，展品不要多，而要少。

2. 塑造感受

什么是"展"？就是展开，把抽象概念展开成可感知的具体场景和事物。

3. 制造流程

不仅空间上可感知，时间上也是线性展开的一次完整经历，有起、承、转、合。

4. 确立边界

任何展览都有期限，它不能永久存在，而只能临时存在，就像"沙画"，随时创造，随时抹掉。

5. 赋予意义

建造一个有意义的场域，让用户认同和参与。

人类真正用来感受世界、思考事物的是什么？不是理性，是感性。所以，一个知识内容如果在听众的感性世界里不能留下印象，那就等于什么都没有说。知识营销的内容不在于写一篇漂亮的文章，然后把它发布出来，也不讲一个正确的道理，然后把它论证出来，而是做一个展览，知识营销就是知识策展。换句话说，就是在产品相关的知识领域，策划一场展览。

在互联网资讯这么发达的时代，我们可以轻松获取任何事物的线上文字、音频、视频，甚至是虚拟现实的数据，但为什么实体展览仍然不可或缺，不可替代？这是因为展览可以把抽象还原为具体，把概念还原为事物，把理性还原为感性。展览为什么有这个能力？就是因为一场展览是由能打动观众的感性材料构成的。一个吸引人的知识营销策划，不是简单的罗列出知识点和知识内容就可以了，而是要在充斥着信息噪音的洪流当中，挑选出一小部分用户可以感知的内容，赋予它意义，创造出一个迷人梦幻的知识世界，这就是策展人思维。

二、知识展览的策划方式

我们在设计知识营销内容的时候，首先要想的，不是在逻辑上怎么展开一个知识体系，那没有那么重要，更重要的是要想想怎么完成感性材料的集合，这才是吸引人的内容应该有的样子。那么，要怎么选取、设计这些感性材料呢？方法很简单，你就想象，我现在要办一个产品相关的主题知识展馆，针对这个主题，我要选取什么样的展品来办这样一个展览？既然是展品，肯定是感性材料，对吧？可能是文字可能是照片，也可能是视频等，肯定是感性的。所以从策展的角度再来理解知识营销，我们可以得到两个关于吸引人的内容的特点。要策划一个展览，我们就必须做两件事：

首先，我们找到大量的展品，也就是所谓的感性内容，我们要用感性内容来诠释理性的、抽象的知识概念。其次，一定要披沙拣金，在噪音的洪流中，在无止无休的巨量展品中，不是全面而正确地展示你的产品知识，而是只选择一小部分有针对性的精选内容给特定的人看。

有一家美国的物流公司在他们公司墙上有张照片，照片里就是一只手拿着一把汽车钥匙的姿势。下面的说明文字介绍了一个鲜为人知的知识点：我们全球范围内的所有司机，他们拿车钥匙的姿势都是统一的，都是经过训练的，都是这个手势。这个姿势可以确保他们上车之后以最快的速度发动汽车。所以，我们物流公司效率最高，速度最快。

虽然消费者在理性上知道这就是设计出来的一个噱头，但是给用户印象还是很深。今天如果有人再提起这家物流公司，消费者的第一反应还是"效率高"。这就是感性材料的力量，一把钥匙、手势都是感性材料，不是抽象的知识概念，这类材料就应该放到知识展览里面去。同样，知识营销需要的各种各样的实物道具，那它们是什么呢？倒过来想想，企业和品牌方有什么特殊的工具、场景、人物？解决过哪些对这个行业来说非常难的问题，从而创造了独特的价值？

除了公司的特定产品和服务知识，如果要对行业的知识进行推广，也是一样的道理。先设想要给这个行业办一个主题人物展览，展厅不大，只能选，那会选择哪些人物？为什么是这些5个人进入这个展厅人？为什么同样有名的人选了这个，不选那个？如果5个人当中还要排出次序，怎么排序？为什么这么排？把展览空间的问题想明白了，这会发现展品就都找好了，知识营销的材料也就有了。

知识营销策划的这次展览，最基础的层次是展示了产品和服务信息。信息可能植入在精心甄选的感性材料当中，也可能植入在解释材料的知识点当中，还可能在整体的解决方案的逻辑脉络当中。

知识营销要有全局思考的能力，对知识点和感性材料有序地编排，同时也要有创新的思维能力，让展览流程不落俗套，引人入胜。让每一个进入知识营销的用户都期待获得新知，同时期待的又远远不仅是新知，还有在其他内容中无法体会的情绪体验，以及对生活的启发和思考，尽管很多人还没有意识到。其实一个展览和一个营销活动类似，在带来信息的同时，还有一个潜藏的目的，就是让用户心智发生变化，不管是认同一个新技术新理念，还是愿意去购买一个新产品和服务。这个给受众带来的变化，又往往是通过感性内容和消费者产生的情感共振而达成的。

用"刀客思维"重塑消费者认知

想把产品卖出去,首先要让消费者克服日常选择的惯性。但改变消费者的习惯其实是很难的,这也是为什么特劳特说,"不要尝试去改变消费者的认知"。那么,认知不改变,品牌方的产品怎么突围?答案是,寻求差异化,建立新的认知。怎么在知识营销中建立用户的新认知呢?传统的做法是:"给判断、做解释、提主张"这是传统的理论知识表达观点传播知识的方式,但如果知识营销按传统学科教学方式交付新的知识和观点其实是有问题的。

首先,影响效率非常低。

摆事实讲道理,如同心灵鸡汤和非常正确的废话根本无法影响用户。其次,我们生活在一个内容大爆发的时代,每天一睁眼就遇到无数的自媒体、文章、书籍、音频、视频、短视频,动不动就10000+,这些内容和传播者在表达观点时通常用的都是"给判断、做解释、提主张"这个模式。如果大家都这么干，消费者花时间、花钱来购买产品和服务的独特理由在哪里？我们知识营销又如何和一般内容区别开来？

知识营销要吸引人，就要区别于一般性的内容。聊天、看新闻、看小说属于一般性的内容。虽然这些一般性内容中有的知识含量其实并不低，比如看新闻。但一般性的内容的核心特征是，这些新涌入我人类大脑的知识往往只是在巩固原来的认知，比如我原来喜欢的人、我赞成的观点、我所属的群体，我当然就更爱看相关的内容。这类信息获取越多，我们原来的认知就越巩固，越巩固我就越爽，越爽我就越倾向于选择这一类的内容。

知识营销呈现的内容形式，可能是公众号文章，可能是短视频，可能是音频课程，这只是内容的载体，它的核心特征只有一个，就是知识营销的内容要用新的解决方案替换掉用户原有的旧观念和老解决方案，更好地满足消费者需求。

一般性内容让用户很愉悦，能巩固原来的认知，但消费者的认知没有发生变化。改变认识会让用户觉得很痛苦，知识营销人员必须做出非常吸引人的内容来帮用户缓解这种突破固有认知的痛苦。而吸引人的内容就是把知识点用逻辑串联起来，组装成为你要表达观点，并且要让用户在阅读时获得良好的阅读体验。那到底要怎么才能做到吸引人的内容呢？打造吸引人内容的技术要领是要把你输出的一个观点，从判断句式："XX 是 XX"，到把观点拆分成两个半句话："XX 不是……而是……"。

任何一个观点，你想从逻辑上表述它，那你的表述重点就是"它是什么"。可是如果你想从体验上把这个观点给说清楚，重点反而不是"它是什么"，重点是"它不是什么"。就像我们人走路，前进任何一步都包含了两个过程，你不能只看见往前迈的那只脚，还得看见往后蹬的那只脚，这才是一个完整的人前进一步的过程。更进一步地说，那些确实有洞见的观点都必须还原到它的背景里去看，它的意义才能够呈现。

在"不是……而是……"这个表达模型中，在不同情况下是可以产生变种的。虽然都是从认知起点到认知终点但是这中间走的路可以是不一样的，是可以设计的。大概可以分成这么四种情况：有无、对错、难易和高下。

如果你要讲一个新知识，那么认知起点就是有，认知终点就是无，这叫有无。

如果你想讲的是一个议题，那么认知起点就是错，认知终点就是对，这叫对错。

如果你想介绍一个工具，那么认知起点就是难，认知终点就是易，这叫难易。

如果你要介绍一个概念，那么认知起点就是下，认知终点就是高，这叫高下。

这些都是"不是……而是……"这个内容表达模式的变形，本质上都是从一个起点到一个终点，从用户现在心里已经有的东西，到一个他还没有抵达的所在。交付一个观点，只要走过这个过程都可以成立。总而言之，知识营销的目的就是不能让你的用户看完内容后空着手走，不带着那种"居然是这样的"的感觉走，那就是营销活动的失败，至于怎么营造这种感觉，是知识营销人员一生要下功夫的地方。

作为知识营销的受众，在意的是什么让消费者觉得这事听懂了；什么知识和方法原来不知道；这个方法用巧妙的，新的解决方案推进了我的认知，更好地解决了用户的问题，满足了用户的需求，这就是"刀客思维"。知识营销人员对用户的旧认知一刀砍开，旧世界、新世界悍然分别。这就是知识中的"不是……而是……"。

精彩的智慧和精彩的知识体系，全部是"不是……而是……"，是从一个流着血的刀口当中蓬勃地、像日出一样从地平线上腾腾地跳出来的东西。它一定否定着什么，离开原地抵达一个新地方。任何新东西，给用户带来的任何新知识新收获，都是要干掉一个旧东西产生的。所以这个刀口就是把用户的旧世界和新世界一刀劈开。

知识营销人员是刀客，这一刀下去，刀口齐，每一刀都有理由，每一刀下去都是让你在和旧世界、和没有阅读这个内容之前那个观念的诀别，就是知识营销从业者使命。如果别人把时间交给你，什么都没有发生，用户和旧世界没有诀别，你贡献的知识内容就是无用的，只是产生了一些无用的字节，浪费了网络资源和用户的时间。

企业在提供产品和服务时还用了什么知识和技术？解决问题的技术难点是什么？思路巧妙在什么地方？怎么降低的成本？给用户和行业带来了哪些增值？必须让用户对品牌方提供的产品和服务充满了好奇。用户的好奇心就是知识营销通过内容在用户思想上剁出来的刀口，用户通过这个裂口看见了一个新世界，用户的求知欲上来了。刀客为用户推了一扇门，让他们对某个门类的知识充满了好奇，为企业的产品和服务和用户打下了先验知识的基础。这就使企业和消费者能够结成最好的长久关系。

用"心理咨询师思维"走进消费者内心世界

知识营销套着知识的外衣，很容易走入普及枯燥、高冷概念的误区。吸引人的知识营销，必须是以站在用户的立场，以感性的观点，用同理心来分析用户的问题和需求，把个人感性差异作为营销策略形成的基本出发点，运用感性的知识营销的理论和方法，根据感性消费时代的特殊要求来实施相应的营销策略。

企业最高的经营成本已经不是生产成本，而是消费者的认知成本。企业谈起自己的产品处处都是优点，谈起竞争对手处处都是缺点。但事实上，消费者从来不关心企业的产品好不好，他们只关心自己能得到的利益。而且，当品牌方一味在强调产品优势的时候，实际上背后还有一个假设，那就是，消费者在购物的时候都是理性的，他们能够冷静分析，并做出最有利于自己的选择。根据行为心理学最新的研究成果，消费者并非完全理性的，甚至，感性才是影响他们决策的最重要因素。因此，除了从理性层面向消费者传达利益诉求，品牌还要善于唤醒人们感性的一面。

当所有解决方案都是在妄图唤醒人的"理性脑"，他们假设人是理性的，只要知道什么是对自己有利的，就会做对应的事情，但消费心理学告诉我们，这是一个完全错误的假设。曾经我们以为，主导我们决策的主要是理性脑，但实际上，感性脑才是主角。理性脑是反射式、有意识的思维系统，掌管人的逻辑思维、理智、自制、长期规划等的高级思维能力，但是非常懒惰；而感性脑是自动式、无意识的思维系统，它起源于古老的大脑构造，主要掌管人的情感、欲望、简单决策等原始生物性本能，它非常勤奋，但是依赖直觉、情绪化，而且倾向于即时满足。理解了人们的决策方式，我们就理解了为什么特劳特说，"认知大于事实"。在营销的过程中，相比唤醒理性脑，更重要的是唤醒感性脑。

平庸的推广和优秀的知识营销之间有什么区别？平庸的推广，通篇在介绍产品的好，给消费者带来的利益，却没有任何情绪上的唤起。而优秀的知识营销能够挑起观众的情绪，知识营销要从用户的角度，写出用户内心深处想说的话，并给予精神上的支持和激励。内容不仅真切动人，而且很容易产生情绪上的联想，用共同面临的挑战情景和用户产生情感上的共鸣，商家提供的解决方案具有的同理心是让他们产生消费需求的核心要义。

一、用视觉、听觉、情绪等感受表达

感性诉求推动购买,所以了解目标客户情感需求与心理需求,是企业成功的关键。企业越来越关注市场、社会的增长趋势,因为下一波的整个消费者心理趋势和社会共识将会影响到企业的生存与发展。顺势而为的企业将会得道多助,逆势而为则会事倍功半。产品发展、设计创意与感性诉求才能打动人心。感性品牌与塑造品牌识别(brand identity),是强化产品研发的一大关键。

从功能到感觉,感性让销售和市场获得成功。产品功能反映品质,感官设计创造经验。产品设计表现企业本色,它是最有效且影响深远的渠道,发出强而有力的讯号,传递企业文化,影响大众对企业的认知。在卖方为主的市场中,以产品为中心的营销模式决定了企业更加关注产品的功能是什么,企业通过规模生产来控制成本,赚取更多的利益。而现在,高度的同质化市场中,同类型的产品越来越多,如何向客户提供差异服务成为最重要的问题。差异化成为吸引客户眼球最重要的因素之一。塑造差异化的关键之一是在于客户对于购买、使用产品的感受,客户从中解决了问题,满足了情感需求,又帮助自己克服了问题。

组成知识内容的素材不是观点和对观点的补充和说明,而是感受的传达。如果用户感受不到知识所带来的对他感情上的影响,观点说了也是白说。一个概念,或是抽象的理论,是对"感受"的打包封装。而真正高手思考问题的方式,都是把概念的包装拆掉,任由概念里面的事实和感受散乱地呈现在自己脑子里。不要告知抽象知识,而要感知作为人的体验。让用户随时随地感受这些现象。知识营销的最后，的确是要形成知识概念，没有形成概念就不方便用户把产品和服务的知识打包带走。但是，在营销的过程中，我们要把概念的包裹拆掉，让用户看到其中可以感知召唤起一个人的画面感、听感和情绪的故事。打动用户的知识营销内容需要生动细致地呈现出：视觉听觉情绪波动这三方面的内容。调动用户的同理心，就是要站在用户这边，一起和他面对问题和挑战。

首先，商家可以通过内容来传达品牌调性，在消费者心中建立品牌"感觉"，用"感觉"来实现产品区隔，建立差异化认知，并提升溢价；其次，要善于调动消费者的情绪，比如通过形象的故事、推拉感的内容，让消费者能够产生面临共同挑战场景中情感的共鸣，提升对于产品的好感；最后，要尽量减少消费者在购买过程中遇到的障碍，在内容中要给出清晰明确的行动指令，引导买家快速下单。当他们开始使用产品的时候，其实就已经开始对产品认同了。

二、和用户站在同一立场，取得客户信任

随着经济的发展，人们的生活水平指数也在不断地增加，消费理念也在不断地变化，消费者在购买产品时也表现出了不同的情绪，对产品自身所带来的情感以及生活的价值越来越重视。也就是说，消费者在购买产品后不光是看重使用价值，还有附加属性，该产品能否与

消费者身份匹配，能否体现出自身素质、经济地位等价值。况且现阶段的消费者的需求特点逐渐个性化、多样化、差异化等，现代社会已经不只是情绪价值的社会，而调动感官和行为的价值逐步增强，也就是我们所说的感性时代，其消费需求也从传统观念中转变，逐步追求满足个性需求，使精神得到愉悦，更能显示出优越感，等等。所以现代的市场已经是感性消费的市场。后工业社会的到来，人们的消费观念已经从"量"转变到"质"，已经不单单只是解决温饱问题。

对于实现营销目标而言，获取客户信任十分关键。无论是开展广告宣传还是进行公关操作，客户通过差异化渠道了解企业信息，同时也会产生产品期望。期望决定了购买行为，提升期望有助于满意度提升，也有助于忠诚客户的累积。其中，极度满意的客户自然成了企业最有效的营销人员，超级用户通过口碑传播方式，帮助企业获取更多的有效购买者。正是由于超级用户的信用背书，消费者与企业距离被大大压缩，同时品牌魅力也会全面体现出来。只有企业与客户满足情感一致性要求，同时更多地获取消费者信任，才能够避免企业面临生存危机等问题。品牌不仅需要建立培养核心用户，企业最早的消费者一定是员工，所以员工极度满意才能够产生更多的超级用户，通过在企业内培养信任机制，使双方利益达到一致，才能够更多地从客户角度考虑问题，避免客户信任度减少。让双方长期处于相互信任状态，这也是知识营销中情感一致性目标实现的根本要求。

把知识营销的内容用感性元素组织起来，删除自以为是的产品知识点，将理性的卖点诉求更改为富有同理心的沟通，增加能激发消费者内心共鸣的价值主张。抛弃粗暴的硬广植入，尽一切可能让你的超级用户兴奋起来。在形式上采用调动视觉、听觉、情绪的方式；在立场上站在用户这一边。同理心，是品牌方理解消费者，同时也是取悦消费者的最佳表现。

PART 5 知识营销工具和私域管理

私域用户信息传播途径属于知识营销系统的重要组成单位，同时，实现营销战略目标，不能忽略网络传播渠道所发挥的影响效用。需要了解的是，网络营销应当将有价值的信息传递给用户，而知识营销对于用户而言，加入网络营销活动而掌握到有价值知识，是他们参与进来的主要原因。从根本角度来看，在部分情况下，我们可以认为知识营销等同于网络营销，举例说明，目前流行的私域营销即是一种知识营销模式。所谓私域营销即是在网络信息传递过程中，将个人知识资源作为重要媒介。所以，私域营销一定要充分掌握某一个领域知识，才能够更好地解决问题，并通过知识的传播，实现产品和品牌传递目标，同时市场空间也会相对扩大。

　　伴随着互联网技术的不断发展，知识内容平台正以更多元化的形式发掘更下沉的市场。根据艾瑞咨询发布的《中国在线知识问答商业白皮书》，2020年，泛知识内容行业已发展成千亿级别的市场，而且，线上泛知识内容平台移动端网民渗透率已达到86%以上。

知识营销的工具与平台

此处我们先澄清几个概念，分别是工具，平台，公域，私域。

（1）工具原指工作时所需用的器具，后引申为达到、完成或促进某一事物的手段。平台一般是指互联网内容或社交流量平台。

（2）公域流量指商家直接入驻平台实现流量转换，比如大家熟悉的拼多多、京东、淘宝、饿了么等，以及内容付费行业的喜马拉雅、知乎、得到等公域流量平台。

（3）私域流量是指从公域（Internet）、他域（平台、媒体渠道、合作伙伴等）引流到自己私域（官网访问、CRM流量池），以及私域本身产生的需求（流量池）。私域流量是可以直接二次以上链接、触达、发售等市场营销活动的客户数据。私域流量和域名、商标、商誉一样属于企业私有的经营数字化资产。据《2020中国数字营销趋势》数据显示，高达62%的广告主表示，自有流量池是2020年最值得关注的数字营销形式，仅次于社会化营销。

一、公域工具

最近热门的概念公域、私域主要涉及两个方面，即流量与社交。公域流量指的是流量大，并可持续不断地获取新用户的渠道，用户不在您的手上，而是在平台方的手上，无法获取的用户信息、用户数据或用户的行为习惯。我们从流量的聚焦及垂直度上大致分为视频类、音频类、图文类、综合资讯类、垂直APP、互联网电视、电商平台七个方面来展开。

1. 视频类平台

提到视频类第一时间想到的肯定是年轻人青睐的抖音、快手、B站。其实不然，从视频的长度、内容、用户群体及收益水平上又可以分为自媒体平台、传统小视频、短视频平台及视频类网站。

	代表平台
自媒体平台	微博、微信公众号
传统小视频平台	秒拍、美拍、西瓜视频，梨视频
短视频平台	抖音，快手，小红书，抖音火山版，视频号，微视、一条，秒拍，好看，小咖秀
视频类网站	B站，腾讯视频，爱奇艺，优酷，搜狐，咪咕，芒果TV，土豆短视频

（1）自媒体平台：微博、微信公众号

"自媒体"，英文为"We Media"。是指普通大众通过网络等途径向外发布他们本身的事实和新闻的传播方式。自媒体的发展经历了三个阶段：第一个阶段是自媒体初始化阶段，它以BBS（网络论坛）为代表；第二个阶段是自媒体的雏形阶段，主要以博客、个人网站、微博为代表；第三个阶段是自媒体意识觉醒时代，主要是以微信公众平台、B站、抖音和小红书为代表。就目前来讲，自媒体的发展正处于雏形阶段向自媒体觉醒时代的过渡时期。但是由于自媒体的诞生至今也不过十多年，这三个阶段其实同时存在，只不过现阶段是以微博、微信公众平台为自媒体的主体，其他的就相对弱小。

	特点及优势
微博	1.140个字组成一条微博，容易上手，任何人都可以发表观点、想法
	2.传播速度比较快，如果内容有共鸣性，可以较快地将观点让更多的人看到
	3."群发短信"的平台，可以在微博内找到或讨论自己感兴趣的话题、观点、产品
	4.草根领袖成就感，容易产生针对某些话题、观点、产品的领袖人物，使受众有成就感，甚至可以从线上微博转移到线下的活动，形成聚合圈，并扩大范围
	5.企业可以借助微博进行相关营销、推广，更多曝光自己的存在，稳步展开营销工作
微信	1.可移动性强，操作上更占优势
	2.用户群体不限，关注率高，即发即到
	3.覆盖面广、传播速度快、可积累口碑
	4.营销方式灵活，过程多元化
	5.线上服务方便，广告成本低

①微博

微博平台作为社交媒体平台,4.46亿的月活用户在这里获取资讯、分享生活、分享观点,可以说微博是中国互联网不容忽视的重要舆论场,更多转发层级和更高效的曝光效率将舆情信息覆盖面扩散到最大。

②微信

微信公众号是开发者或商家在微信公众平台上申请的应用账号,该账号与QQ账号互通,平台上实现和特定群体的文字、图片、语音、视频的全方位沟通、互动,形成了一种主流的线上线下微信互动营销方式。

(2)传统小视频平台:秒拍、美拍、西瓜视频

	秒拍	美拍	西瓜视频
所属系	新浪系	美团系	头条系
平台特色	短视频社交平台,容易上手,潮人集中社区,与新浪战略合作,打通微博	年轻人喜欢的视频社交平台,高颜值用户的原创短视频平台,美妆类垂直领域优势比较强	轻载、趣味、高效,用户观看没负担,适合碎片化情景,可占据用户的娱乐时间
直播端口	无	有	有
呈现方式	横屏,短视频	竖屏为主,小视频	横屏为主,短视频和小视频
变现渠道	平台活动、流量分成、KOL	电商、平台活动、KOL、KOC	电商、流量分成、KOL

①秒拍

秒拍视频与新浪有战略合作关系,并且已经与微博打通,一方面

是有搜索引擎的权重，另一方面是秒拍也是在潮人生活类的垂直领域平台。如果创作者的能力和想涉足的领域和此相关，秒拍是一个不错的平台。其他类型的创作者可以将其作为分发平台进行使用。

②美拍

美拍可以说是一个女性为主的泛生活类的垂直类平台，女性用户群体居多，非常适合做美妆、美食、健身、穿搭等类别的短视频创作，创作者如果能力和涉足领域比较切合的话，美拍是一个不错的可以深耕的短视频平台。

③西瓜视频

西瓜视频是头条视频升级过来的，也是重要的头条系视频平台之一，但是不同于头条系其他视频平台，西瓜视频主要是横版视频，并以 1 分钟以上的短视频为主，目前西瓜视频对 Vlog 和三农领域有着比较大的官方支持，同样官方也出了很多教程可以供创作者学习，如果想涉足 Vlog 和三农领域的话，可以优先选择西瓜视频。西瓜视频增速较快的内容类型有：房产、教育和旅游。

（3）小视频平台：抖音，快手，小红书，视频号，全民小视频、一条，秒拍，好看，小咖秀

	抖音短视频	快手	小红书	视频号
所属系	头条系	快手	阿里系	腾讯系
日活用户	约7亿	约4亿	约2亿	约5亿
直播端口	有	有	有	有

知识营销工具和私域管理

149

呈现方式	竖屏为主，小视频	竖屏为主，小视频	竖屏为主，小视频	竖屏为主，小视频
变现渠道	广告、电商、平台活动、流量分成、KOL、KOC	广告、电商、平台活动、KOL、KOC	电商、平台活动、流量分成、KOL、KOC	平台活动、KOL

①抖音短视频

目前作为一个在短视频领域的超级APP，如果想涉及短视频领域创作，抖音可以作为首选的短视频平台，不论是用户量级还是在相关后端服务都有很强的优势，官方也出了很多的教程，方便创作者进行创作，竞争也会比较激烈一些，在未来一年的时间里，抖音上的内容创作为两极分化，一类是精细化的内容，来满足常用短视频用户，一类是低端的内容，来满足抖音下沉市场的用户。

②快手

目前快手可以说是短视频领域的"榜二"，用户群体主要集中是在三四线城市，跳过PC互联网时代的移动互联网用户，对移动互联网充满了未知的期待，有更多的探知欲和接受度。快手平台对于创作者的支持力度也是比较高的。

③小红书

小红书APP是年轻人的生活方式平台。在这里发现真实、向上、多元的世界，找到潮流的生活方式，认识有趣的明星、创作者；在这里发现海量美妆穿搭教程、旅游攻略、美食健身日常，还有更多生活方式等你发现。来小红书，标记你的生活，一起分享和发现世界的精彩！

④视频号

视频号不同于订阅号、服务号,它是一个全新的内容记录与创作平台,也是一个了解微信好友的窗口。视频号的位置也不同,放在了微信的发现页内,可以将视频号作为一个私域分发窗口来操作。

(4)视频网站:B站,腾讯视频,爱奇艺,优酷,搜狐,咪咕,芒果TV,土豆短视频

	爱奇艺	优酷	腾讯	B站
所属系	百度	阿里	腾讯	独立
日活用户	6719万	4474万	8162万	8350万
直播接口	无	无	有	有
呈现方式	横屏、长视频	横屏、长视频	横屏、长视频	横屏为主,短视频和小视频
变现渠道	广告、流量分成、KOL	广告、流量分成、KOL	广告、流量分成、KOL	电商、平台活动、KOL、KOC

B站是一个垂直度很高的二次元文化短视频平台,也在做聚合类平台,群体主要是集中在90后和00后,用户的黏性和信任度非常高,90后和00后是未来的市场主力军,需要深度长期培养用户的,或者二次元、动漫周边类的,以及目标客户群体本就是90后00后的创作者可以优先选择B站进行深耕创作。

2. 音频类平台

得到 APP，荔枝 FM，喜马拉雅 FM，蜻蜓 FM，企鹅 FM，荔枝微课，懒人听书

	喜马拉雅	得到	荔枝
平台定位	综合型音频分享平台	付费订阅产品	普通大众的播客平台
平台模式	平台式	自营式	平台式
付费内容	按条付费	课程	节目
内容产生	联合出品＋主播入驻	专业机构入驻＋名人入驻＋用户自制	用户自制 UGC
服务形式	免费基础上，推出付费精品专区	知识新闻免费，课程及音频电子书等竞品服务付费	免费基础上，部分付费节目

为什么自媒体短视频如此盛行的时候还是有很多知识型博主深耕音频类平台呢？第一，它不需要太多的电量或流量，也不需要逐字阅读。你可以在洗澡、睡觉或外出散步时打开音频播放慢慢收听。第二，信息渗透，当我们收听音频时，我们通常会处于更放松的状态便于吸收。

iiMedia Research（艾媒咨询）数据显示，喜马拉雅以 65.5% 的高市场占有率成为最多用户选择的在线音频平台。其次，荔枝、蜻蜓 FM 和酷我畅听分别占比 39.5%、35.8% 和 34.5%。艾媒咨询分析师认为，在线音频头部平台拥有深耕行业的经验，在用户基础方面有较大优势。

①得到 APP

得到 APP 利用碎片化的时间，为用户提供最为高效的知识服务。提倡碎片化的学习方式，让用户短时间内获得有效的知识。每天 20

分钟,在这里学知识、长见识、扩展认知,终身成长。内容包括商业、方法技能、互联网、创业、心理学、文化、职场,等等。

②喜马拉雅FM

喜马拉雅FM是一款知名有声音频分享知识的平台,更加注重音频对人们内容的传递。喜马拉雅通过PGC和UGC的结合把内容做到了尽可能地丰富齐全,长尾效应能吸引更多用户。UGC主播既可以从互动中获得激励获得粉丝经济,也可以在与听众的交流中获取需求,并根据需求改进自己的内容生产,在听众方面,平台社交把志趣相投的人聚集在一起,使得平台更加有黏性。

③荔枝FM

荔枝FM以小清新、文艺风格的UGC内容为主,以"人人都是主播"为口号,吸引的用户主体为24岁以下的年轻群体(学生、白领)。蜻蜓FM的内容生产主要以PGC形式,内容质量能较好把控,作为移动电台起步较早的平台,蜻蜓FM和喜马拉雅FM有着同样的野心,想通过更优质的内容获取与喜马拉雅FM同样广度的用户群体

3. 图文类平台

博客,微博,58同城,美篇,本地贴吧,简书,知乎,小红书,公众号、豆瓣、百家号、今日头条、趣头条、一点资讯

	机制对比
今日头条	1. 机器推荐机制。给你的头条号文章打个标签,给用户打个标签,标签有相关度时,文章就会被自动推荐给用户。 2. 坚持原创和日更。原创的收益是非原创的5-10倍。

知识营销工具和私域管理

知乎	1. 门槛比较高，高质量的内容一般在专栏，但申请专栏有一定限制； 2. 只有赞同和评论，不知道阅读量。
豆瓣	1. 内容比较多而杂，主要模块入口不明显，推荐内容没有个性定制，缺乏针对性； 2. 豆瓣小组有归属感，但质量不高。
百家号	1. 百家号的作者分为新手作者、初级作者、中级作者、高级作者四个等级，代表着作者在百家号平台的不同阶段和综合水平。 2. 根据内容的原创性和质量程度来给予推荐量，尤其是热点内容。

这类平台的共同之处就是除了图文类平台他们同时也是问答类平台，回答读者在你擅长领域的问题，获得读者认同进而获得流量，对树立个人品牌的作用不容小觑。

①今日头条

今日头条作为手机端信息流广告的领导者，必定需要有自媒体平台不断引入新的创作内容，然后头条号应运而生，并且成为当今自媒体平台中吸粉引流的王者。头条号是新手一个不错的选择，今日头条用户量非常多，发布的文章阅读量也很理想的。一篇好的文章，动辄可以达到几十万的阅读量。发一段视频，也常能达到几十万上百万的播放量。

②百家号

百家号，一般的原创文章大多能审核通过，平均一万阅读的话会有10块左右的收益，百家号也是公认单价最高的平台，随便一篇爆文就能拿到几百上千的收益。缺点是必须通过新手期才能看到自己的收益。

③知乎

知乎是网络问答社区，连接各行各业的用户。用户分享着彼此的知识、经验和见解，为中文互联网源源不断地提供多种多样的信息。准确地讲，知乎更像一个论坛：用户围绕着某一感兴趣的话题进行相关的讨论，同时可以关注兴趣一致的人。对于概念性的解释，网络百科几乎涵盖了你所有的疑问；对于发散思维的整合，是知乎的一大特色。

④豆瓣

豆瓣（douban）是一个社区网站。是 Web 2.0 网站中具有特色的一个网站。它更像一个集品味系统(读书、电影、音乐)、表达系统(我读、我看、我听)和交流系统（同城、小组、友邻）于一体的创新网络服务，一直致力于帮助都市人群发现生活中有用的事物。

4. 综合资讯类平台

网易、头条、搜狐、大鱼、百家、企鹅、一点

2022年中国知识服务产业地图

对于此类平台内容多贴热点，容易从平台算法获得曝光，垂直类内容的量会受一些限制。但并不是说大家不用去做，因为你的内容足够精致的话，也会获得一些推荐量。

① 大鱼

大鱼号自媒体平台中是原创最好开通的平台。发 7 条视频成为普通创作者之后，就会收到开通的邀请了，大鱼号的奖金也是要开通原创之后才能参加的，不过比较容易拿，因为合作优酷、土豆、阿里文学、虾米、阿里星球、阿里影业等平台，发起超级吸睛的"大鱼任务"，平台经常有些活动，大奖之类的平台的单价目前在 15-20 块左右。

② 企鹅

企鹅号，腾讯旗下的平台，所以流量也非常大，仅次于今日头条，是全球领先的跨平台网络新媒体。发满五篇文章达到三级才能开通收益，单价在 5-10 块左右，原创账号单价在 20-50 块左右，等级越高收益就越高。

③ 搜狐

搜狐自媒体，作为百度的新闻源，搜狐号是自带流量属性的。甚至可以说在众多自媒体平台中，同一篇文案的收录量和阅读量在搜狐号都是最高的。申请到账号之后，也是从新手开始运营，一天可以更新 5 篇内容。账号升级之后，权重高，单价高

5. 垂直 App

我们做内容，做到最后并不是你产生了多少文字拍了多少条视频，这些价值远远没有我们用户的价值来得多，即用户能给我们付费，能

替我变现。APP已经帮我们筛选了一轮用户了，像领英中国这样的平台得到的一定是职场用户，这些平台其实也为我们这些从业者提供了一个很好的方式，直接从平台那里获得我们的目标用户。

6. 社交媒体运营要点

在各大公域社交媒体流量平台进行知识内容创作的时候，我们要注意和传统知识付费平台的货架逻辑不同。知识付费平台是为各个门类的知识产品建立了一个知识库是"人找货"，而社交媒体平台是用优秀的内容去匹配用户标签主动触达用户是"货找人"。

因此，在社交媒体上运营知识营销内容，第一步不是你要传播什么样的知识点，而是分析用户，根据平台的特点来进行组品。抖音用户有抖音的特点，小红书用户有小红书的调性，快手用户有快手用户的标签，只有把握了用户阅读标签，才能去更好匹配内容。

在社交媒体上，无论生产图文、视频还是问答等知识营销内容，都可以用"BGC""PGC"和"UGC"进行传播种草，而拔草和转化最好的方式则是直播，会直播的知识主播转化会更高。

二、私域工具

私域流量是指我们无须付费，可以随时随地、任意频率，直接触达用户的渠道，例如：自媒体粉丝、用户群、微信好友等。这类用户属于你，而非所有人，你可以反复使用和触达。主流认知的私域自媒体：自媒体粉丝，用户群，微信好友，QQ公众号、QQ空间等。

我们在运营管理私域流量的时候经常要考虑到几个因素：内容来源方（自产/整合）、知识用户类型（人群/商家）、传播渠道、技术支持、支付方式及售后服务等。

1. 私域工具简介

目前市场上比较常见的付费内容平台：小鹅通，千聊，荔枝微课、在行，知识星球。

	千聊	荔枝微课	小鹅通	知识星球
产品定位	平台+工具	平台+工具	工具	平台+工具
目标用户	知识受众 知识领袖	知识受众 知识领袖	知识领袖	知识受众 知识领袖
场景	依托微信群 微信体系	依托微信群 微信体系	微信、PC 全渠道覆盖	依托微信群 微信体系
核心竞争力	直播为主要知识产品形式，建立知识领袖与知识受众的链接	大众知识分享、建立知识领袖与知识受众的链接	功能+解决方案，覆盖多种应用场景，帮助知识领袖实现知识变现业务闭环	付费社群+知识分享，建立知识领袖与受众的链接
付费模式	免费	免费	付费	付费

①千聊

作为一款腾讯系的知识付费平台，在构建知识付费平台的同时，还为知识领袖提供知识变现的工具。准确来说，千聊并非一款完全的知识付费工具，而是基于知识付费，以直播、微信为媒介，帮助知识领袖搭建自己的知识变现平台，同时也帮助知识受众找到符合诉求的知识产品及服务。

②荔枝微课

与千聊一样，产品定位是平台+工具，同时服务于知识领袖与知识受众。相对于千聊来说，在帮助知识领袖变现上，提供了更多的功能与工具，让知识领袖可以丰富知识变现的玩法。

③小鹅通

小鹅通仅面向知识领袖服务，通过多样化的工具，为知识领袖提供知识变现的全闭环服务。通过低成本可定制的工具，让知识领袖实现多种知识产品、服务的组合。在知识付费工具的这个垂直化方向，更为专业。拥有一定的门槛：功能付费服务。与平台+工具的定位不一样，作为纯工具产品的定位，通过对知识领袖收费的商业模式也是小鹅通可以发展出更多功能更多解决方案的前提，成本与效果是成正比的，否则没有收入的小鹅通也无法持续提供更好的功能和更好的服务。为什么建议大家去做网课呢，因为网课上传到知识付费平台，除了赚钱外，还有以下几点优势：1.后期会给你推送流量，而且是精准的源源不断的流量。2.信任感转移，可以用知识塑造自己的个人IP。

④知识星球

知识星球是老牌的知识付费平台，打造社群最好的一个平台、适合社群人员进行分享以及交流，可以开通免费的社群和付费的社群，简单方便。现在作为知识变现的一种途径，越来越多的人开设了自己的星球，有的用来沉淀自己，有的用来提供培训服务，有的用作资料分享的平台。星主决定了星球的质量，一个快速成长的星主能够给大家带来精神上刺激，积极向上，不断有原创的心得分享，星球更好的作用是经验的分享和吸收,价值观的引导。

2. 私域平台功能和运营

以上介绍了各知识平台及工具,下面也简略谈一下私域平台功能和运营。作为一款明确收费的知识工具,我们下面就以小鹅通为例展开。

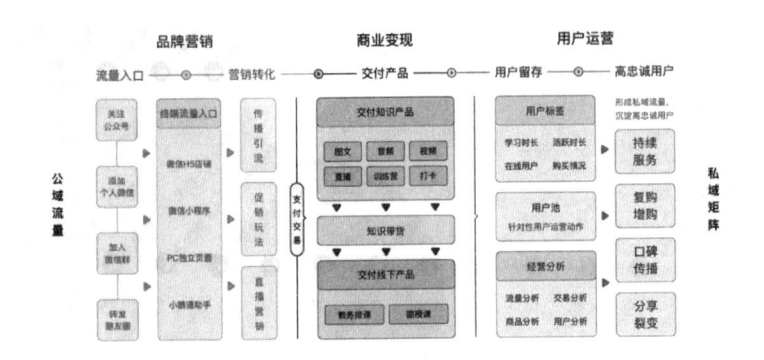

（1）覆盖教育产品和教学场景的 SaaS 平台

图文、音频、视频、社群、付费问答、直播、打卡、作业、签到、训练营等全覆盖。覆盖面越广,同一平台可传递的知识内容就越丰富,另外小鹅通没有强制的视频大小限制,这样可以直接压缩时间节约工序。

（2）丰富的营销方法

推广员、邀请码、好友助力、拼团、红包、优惠券、裂变海报、兑换码、秒杀、早鸟、限时折扣、涨粉神器、链接分销、精品推荐等,全方位、多手段的功能和工具支持,能帮助知识创业者最大限度地实现裂变和销售。且闭环的平台不会在结尾给同行广告导流。裂变功能期权响应内容分销市场,解决好内容没流量,大流量没法变现的矛盾。

（3）用户数据管理

CRM端可以呈现出有没有上课，来了多少天，听了多少次，每次时长，考题库做了多少，正确率如何等数据。有成熟的数据化管理、教务管理和培训管理体系。用直观的数据和数字化思路来改造和支撑内容，可以帮创作者打磨出更多的爆款课程。

（4）服务意识和服务质量

定制性的客户服务是交成真正意义上的壁垒。每年几千甚至上万的价格更多是服务上的全时响应。加班加点，24小时随时响应。比如需要加带宽，比如新功能的迭代开发、高频客户回访，前端中端后端的咨询入口等。

（5）能充分借用微信生态的力量

小鹅通能结合公众号、小程序来整合流量，实现售卖裂变、拉群沉淀等效果。工具生态用起来流畅舒服。链接微信、企业微信、微信小程序、H5、钉钉等软件接入都很方便，最关键是安全。

（6）手续费低

只有使用微信支付产生的一两个点，小鹅通本身不抽成。抽成类型平台的比例普遍在20%，企鹅家的课堂也要抽成10%。

用户体验的考察关键在于是否解决用户痛点和好不好用，以上总结谨供大家参考。更重要是从自身使用的自由度，数据呈现，效率，上手速度，反馈机制等方面，客观综合地评估。

知识营销私域管理

近年来互联网的普及，方便了知识的分享，极大地促进了知识的传播。但是，公域信息爆炸也在不断稀释高价值内容，如何方便快捷得到高价值的信息，通过私域找到适合自己的知识内容已经成为网民迫切的需求。

新需求意味着新机遇，为了满足用户对高品质信息的快速增长的需求，泛知识内容平台便应运而生。泛知识内容平台泛指将碎片化的知识和信息转化为产品与服务，借由不同的介质或传播媒体输送给消费者的平台。泛知识内容平台包含综合资讯和搜索服务，比如：在线阅读、有声音频、专业学习，以及百度知道、知乎和悟空问答等在线知识问答平台。

一、私域用户的沟通原则

私域的本质是打造长远而忠诚的客户关系，微信生态是发展私域流量的核心阵地，内容是驱动私域的"燃料"，通过持续产出真实真诚、"干湿"结合的内容，建立与用户的信任，最终的目的还是实现变现。

私域沟通应当遵循五大方法：第一，要遵循私域沟通的第一性原理，即私域运营最终的目标是为企业创造长远而忠诚的客户关系。第二，找准私域运营的用户阵地，目前私域运营的两大主阵地是个人微信和企业微信。第三，内容"干湿"结合法，私域内容既要真诚专业，也要具有娱乐性和传播性，内容要特别注意符合真实用户场景，持续产出也是必不可少的。第四，运用私域成交四步法（引导加好友、发圈建信任、活动造势能、私聊促成交）。第五，牢记私域"五力"模型是"IP力、加微力、产品力、运营力、内容力"。私域变现核心公式是：私域资产 =IP力 × 加微力 × 产品力 × 运营力 × 内容力。

如果你能遵循以上五种方法，即可通过钩子产品引导用户加微信，发圈建信任，活动造势能，和用户私聊互动，引导成交，实现私域变现，为自己构建一份可持续创造收入的高利润在线资产。

二、私域用户分层和标签管理

用户标签是描述用户特征的标签。用户在与企业互动的过程中，主动或被动留下种种信息数据，企业再将这些数据归纳成一个个标签词。当标签越多时，我们对用户的了解就越全面，用户画像也就更加立体、清晰。

给用户贴标签的途径有2种：一种是系统根据用户与品牌的交互数据自动筛选、记录。比如，用户访问店铺的数据、浏览产品的数据、加入购物车的数据、购买产品的数据、访问内容页面的数据、参与活动的数据等。还有一种是一线人员在与用户沟通的过程中，有意识地引导、记录，从而获得品牌想要的用户信息标签，也就是手动打标签。这种做法很重要，需要1对1跟用户沟通，所以一般适用于高客单、利润高、用户决策复杂的产品，或者是需要精细化运营的2B业务。

在打标签前，还有两点是需要提前知道，做好准备的：

1. 标签系统化

尤其是手动打标签，如果没有一套系统化、体系化的标签系统，就会出现员工给用户打的标签逻辑混乱，只有他本人才能看得懂的情况。比如，员工A，喜欢给多次复购的高价值用户，打上"S"标签；而员工B则喜欢打上"A"，不利于团队的统一化管理。标签系统要规范、明确、直观。比如，针对高价值用户，全打A；比如，针对复购过*次的用户，打F*（F代表着复购，*代表着复购次数，复购3次，打F3）；比如，针对买过某产品的用户，打上TP2（TP代表着某款产品的型号，2代表着买过这款产品的次数）……此外，作为标签的制定者，还需要定期对员工进行标签系统的培训、不定期抽查、设置奖惩制度，确保每个一线员工知道、做到、用到。

2. 标签的使用者决定用途

标签只是一堆文字符号，能不能用，有什么用途，需要看使用标签的人。像有些标签对一线进行销售服务的员工来说价值、意义不是特别大。比如，来源渠道，对于销售来说，知道用户从哪里来，对转化工作帮助不是特别大。但是从整个宏观策略上来说，可以帮助优化拉新策略，知道哪个口子流量大，哪个投放的版本转化高，该把获客重心放在哪边。比如，用户地理位置，从宏观的运营角度知道用户的分布区域是一、二线城市更多，还是下沉市场更多，能理清产品在市面上所处的位置，制定相应的运营策略及市场营销。但是，对于营销人员来说，用户在一线城市，并不代表着有钱，认知先进，在四五线城市也不一定代表着消费能力差（不用买房，闲钱多）。

标签的种类有很多，从整个大的范围上来分，可以分成4大类：

（1）静态标签

用户社会层面的基础信息，比如，地区、年龄、身高、体重、职业、生日、婚否、家庭情况……

（2）消费标签

这类标签很重要，知道用户消费相关的信息，才能知道满足什么需求。比如，消费能力、消费频次、消费偏好（比如，服装行业，用户更喜欢什么风格）、价格敏感程度、买过的产品（颜色、大小、价格）、参与的折扣、参与的促销活动……

（3）行为标签

用户与平台之间产生的各种互动数据，比如：来源渠道、是否关注公众号、参与的裂变活动、阅读的文章，以及用户在小程序商城中产生的点击、收藏、加购物车、领优惠券、提交订单等一系列动作。

（4）层级标签

层级标签，就是用户的分层层级。后续，运营可以针对不同层级的用户，采取不同的动作，推送不同的内容，举办不同的活动，这样就能实现精细化运营。

那如果遇到用户较多，但是运营人员少的情况下，如何提升用户打标效率呢？可以借助一些第三方服务商的SCRM工具来辅助，比如SCRM私域运营管理平台，可以实现自动打标签，当用户通过不同渠道进入到品牌的系统中，系统就会根据用户的一些行为轨迹来做相应的标签打标，提高了运营效率，降低了人力运营成本。

想要做好用户服务、提升人效、赋能团队，需要科学的方法和工具。SCRM私域流量运营管理平台——基于企业微信、为品牌提供从全域获客、精细化运营、营销转化、会员复购增长一站式私域运营解决方案。更基于企业微信升级众多高能玩法——二维码自动加群、短信引导加人、粉丝个性标签、自动打标、渠道活码、自动回复话术、场景营销、精细管理用户和多种数据分析等私域智能营销操作，让你省去烦琐的人工，轻松服务好客户，实现高转化。

三、培育超级用户

随着市场不断迭代和升级，私域流量也从"概念"发展成为企业的"标配"。然而私域流量仅仅只是开始，在精细化运营道路上，企业还要继续深挖客户终身价值，找到那些真正热爱、忠诚于企业的用户，也就是超级用户。今天我们能想到的任何一家知名企业，不论国内还是国际，都拥有自己的超级用户，这些用户拥有强大的消费力和忠诚度，潜力巨大。超级用户如此重要。品牌企业又该如何深度的了解、沟通和服务好他们？

什么是超级用户？这里我给超级用户一个明确的定义，即在未来一段时间，有明确的意愿持续去消费企业的产品和服务的用户。

超级用户身上具备了4个明显的用户标签和消费特点：第一，消费频率高，通常是重度用户。第二，消费能力强，非价格敏感型，敢为自己喜欢的品牌花钱。第三，是某群体里面的意见领袖，愿意向别人推荐产品或品牌。第四，能够给出更有效的反馈意见，支持产品服务升级迭代。

拥有超级用户只是第一步，如何运营和维护好他们，保证他们的续费率和活跃度才是关键。很多企业也都很重视会员服务，但是做着做着就失去了活跃度，用户眼里的"好"，更多的在于，你有没有在为他持续地提供价值、有没有超越他的期望值，而且这个价值会随着时间而提高，你的专业水平也要不断进步。还要让超级用户们感受到，他们对你很重要。你做的任何运营动作，都要以用户为主。这种情感来自超值、专属、定制化的产品和服务所提供的优越感。

总的来说，企业不应该只盯着产品、盯着流量，还应该更重视后续的运营和留存，切实满足超级用户的需求，留住更多的超级用户，久而久之，他们也会主动帮你寻找新的超级用户。任何一个超级用户背后都可能站着几十个或上百个潜在用户，如果你还不懂如何发掘培养超级用户,你也可能失去成千或者上万个顾客。运营有个5段论:引流、激活、转化、运营、裂变。厂家可以只负责里面3个部分,另外2个部分就可以转给超级用户来负责。咱苦口婆心去吹嘘自己的产品好,不如超级用户在他圈子里的一呼百应,因此超级用户是裂变的最佳方式。

四、如何与私域用户产生信任

从公域流量池引导用户到私域平台后,并不是马上进行暴力成交,如果只是单纯地从流量到成交,依然是流量思维,而用户思维需要获得用户的终身价值,这个过程就是互相之间建立信任的过程。私域不是拥有用户,而是拥有和用户沟通的权利。多触达用户,深度沟通,才能产生价值和转化。要么一对一,要么一对多,主要场景还是私聊和朋友圈+社群。私域需要加强IP打造,加强和用户的情感链接,形成强关系,形成长期且忠诚的关系,形成自己独特的运营模型,这才是本质。只有先为用户创造长期价值,用户才愿意与你产生关系,进而产生信任。

对于知识营销来说,能切实解决用户需求和问题的内容+产品是一切价值的基础,除此之外,还可以通过以下3种方式为用户产生长期价值:

1. 利益价值

用户进入私域后，能获得在其他地方收获不到的价值利益。比如，稀缺的资源、鲜少露面的大咖分享、新品优先购买、限定优惠、特定款式……

2. 陪伴用户成长

用户买了你的产品，不仅仅能获得产品本身的功能价值，还能有所成长。比如，我在一家健身器材店里买了对哑铃，买完之后被店主邀请进到了他创建的用户健身交流群，群中不仅分享该店的器材产品，每天还会分享健身的技巧或减脂食谱。

3. 成为朋友

私域不是广告平台，用户也不是上帝，运营人员只有把自己和用户摆在同一位置上，才能真正与用户成为朋友。"朋友关系"的友好相处更容易让用户产生信任，但如果你只是把顾客当作顾客，那么顾客也只会把你视为一个"销售"，从而处处防备，不愿"交心"，当然更难以成单。

除了基本的信任外，运营私域流量的就是要建立起人设IP，还要做好内容营销，内容才是为人设IP持续产生价值的方式！有内容才可以持续产生故事，让消费者对IP有个清楚认识，建立IP形象。高段位的私域是通过IP不停地传播这个品牌价值观，以及从如何帮助消费者成为更好的自己的角度，从传递生活方式的角度去影响这个人的心智，而不是不断地促销发广告。通过信息疲劳轰炸方式可能获得的流量,但没有任何忠诚度,也就没有任何的私域价值。

一个品牌的私域流量,有一个非常重要的一个指标,就是粉丝的参与度。因此,私域流量就是服务营销的升级版,你如何用自己的品牌服务的理念和价值吸引你的目标人群,能够跟你一起去创造未来的产品,这样的私域流量才是有意义,有价值,可持续发展的。因此,私域流量不是一个单一的概念,而是对企业在数字化时代,如何实现从前台到中台到后台,从用户运营到内容运营,再到如何沉淀用户资产的持续不断的过程。

4. 私域用户日常互动

社群运营看似简单,实则深藏奥义。初入社群运营的新人可能对其工作内容迷惑不解,但总结下来,社群运营的工作内容不过上述三点:社群日常互动,进行用户留存,完成用户转化。社群运营的工作内容,简单又复杂,在操作上很简单,不过是和客户聊天,复杂在于不但要知人性还要透过网络洞察用户需求,满足用户需求从而维护社区氛围。除了社群日常运营以及用户留存方面的工作内容,最重要的便是进行用户转化,通过前期的内容运营与活动运营,增强用户黏性,从而更深入的接触用户,并推动用户完成购买行为,运营期间一定要让客户信任你,才能达成最终的用户转化。

互动路径:引导结尾互动 ➡ 关注指标 ➡ 评论区细节技巧

你可以在结尾提前做互动铺垫,引导正向评论。这里有 3 种方式可以参考:

(1)求夸奖/收藏型:我不容易,我很辛苦,关注我啊!

参考示例：

以上就是学姐花费3个小时给大家整理的化学学习经验的干货，希望能对大家有一定的帮助。码字不易，喜欢的可以赏个赞哦~笔芯

（2）强调观点型：再次强调全文核心观点，并升华主题，让用户牢牢GET你的点。

参考示例：

最后，考研是很辛苦，但是这个世界是先等你做出成绩，再听你感受的，好好沉淀，用心复习。如果不知道怎么复习的话，可以看看辅导班，尝试一下找人辅导。我自己是专业课比较差所以报了专业课的辅导，当然能自己学的话自学就好。这里放一下某宝直达链接，有报班需求的可以点击查看。

（3）福利诱导型：赤裸裸地打动用户

参考示例：

篇幅有限，发布的仅为部分资料的图片。想要完整版资料的同学或者家长评论区留言，我会把资料发给你呀。最后，除了语文外，建议你最好其他科目也积累一些答题模板。而且只要是应试考试，基本上都会有相应的方法和套路。

五、评论管理

完成内容发布后，我们会在内容底部看到互动区的几个主要指标，分别是：

	赞同率 主要影响单篇回答在问题下的排序	2,411 个关注	关注率 主要影响内容再搜索结果中的权重
▲ 赞同 2.2 万 ▼			
289 条评论	评论量 主要影响单篇回答在内容中转化效果	分享	分享率 主要影响问题在热榜的权重

1. 评论区的作用

（1）营造氛围：营造出一种文章很热，有很多人关注的氛围感，提高用户的停留时间。

（2）加深决策：参考评论区，浏览其他人的看法、评价，以了解真实情况，依靠评论做决策。

（3）直接转化：用户在互动时正向评论引导转化；支持多种组合形式转化，可在评论区添加外部链接等。

（4）内容反馈：反作用于内容本身，分析用户的着重关注点，内容跟进等。

2. 影响评论内容排序的因素

（1）按评论热度排序。

（2）点赞数多的优先展示，即被认可的优质内容将会有更大的曝光率。

（3）评论的"父子问题"逻辑关系。

（4）用户直接回答视为一级评论，针对一级评论的评论则视为二级评论。

（5）每条一级评论均可成为话题互动的延展，同时二级评论区域方便用户浏览对话过程，有利于提升用户互动，营造热度。

（6）二级评论的曝光权重低于一级评论，如果有新的二级评论产生，围观群众则需要先定位一级评论去查看。

3. 评论区的操作流程

这里你可能会问，评论区这么重要，怎么做才是维护好评论区，具体有哪些评是操作注意的地方？需要关注下面评论区的操作流程：

（1）内容发布

（2）评论区跟进，带动用户去创造优质评论

（3）内容投放测试

（4）评论区监测（负向评论量删除／积极回复评论）

（5）精选评论置顶

（6）筛选话题下高赞的回答的精华评论，即点赞数最多、展示于评论区最前列的评论，它最能代表读者心理认同的内容

（7）评论有内容，有感情，感染力强

（8）引进优质内容，带动用户去创造优质评论

（9）冷启动阶段，用户评论具有一定的盲目性，运营人员提前内容布局，给出精彩评论，进行诱导

（10）积极回复评论

（11）确保互动率，在回复中加入适当引导

（12）建议实时处理评论，如果无法保证实时回复评论可开启评论区筛选

（13）不当评论就可以毁掉整个评论区的氛围

（14）将优秀的回答置顶

（15）优质/有价值的内容，进行置顶

（16）负面评论，直接删除

4. 增加转发和变现

内容创作后的排版与优化，通过不同形式的排版提升内容可读性；关注用户互动，增加内容转化和变现效率，还可以开拓哪些评论场景呢？

（1）共鸣型

引起读者的共鸣，给出内容观看感悟

（2）使用体验型

评论消费场景，正向引导，加深潜在用户的决策影响

（3）求助型

备考中遇到的问题，求解答

（4）抖机灵型/捧哏型

认同观点，给出赞赏

（5）诱导型

产品指向明确，加速客户决策

（6）延伸型

相关信息的补充，对于内容知识点的补充

（7）解答型

相关衍生问题的解答，增强专业度

六、知识社群管理

知识社群无处不在。我们都属于许多社群：在学校里，在家里；在工作中，在爱好方面。有些社群有名称，有些没有。有些我们能够识别，有些在很大程度上还是无形的。我们是一些社群的核心成员，但也偶尔参加另一些社群。总之，不论以什么方式参加社群，我们中的大多数人都有熟悉和归属于一个知识社群的经历。

既然知识社群已经如此普遍深入地存在这么长时间了，为什么品牌方会突然关注它们呢？其实，新的事物并不是知识社群，而是企业对于更有意识的、更系统的知识"管理"的需要，因此品牌企业在商业中给这个古老的结构赋予崭新的重要角色。知识已经成为成功的关键，这种资源是如此的珍贵，我们不应任其自然发展。公司需要准确理解知识带来的强大竞争优势，需要随时更新知识，在运营中充分发挥其作用，并将其传播到组织的其他部分。

1. 知识社群管理的七条原则

公司需要准确理解知识带来的强大竞争优势，需要随时更新知识，在运营中充分发挥其作用，并将其传播到组织的其他部分。知识社群管理需要遵守以下七大原则：

（1）精心设计社群的演化历程；

（2）在内部和外部的不同观点之间建立对话；

（3）鼓励不同程度的参与；

（4）既发展社群的公共空间，也发展社群的私人空间

（5）以价值为关注点；

（6）组合熟悉与兴奋的感觉；

（7）构建社群节奏。

知识社群是在各种社群运营中相对复杂和高级的形态，那么如何高效运营和管理知识社群呢？

2. 高效管理知识社群秘诀是角色分配

由于知识社群是因场景而存在具有生命周期的，它要求组织设计的方式要更全面地鼓励热情、关系和组织中自愿活动的重要性。社群设计的焦点是加强参与，而不是全面性和适应性。我们不是要设计完美的结构，而是要让组织成为社群成长和发展的催化剂。这种方式将组织和实施混合在一起，使组织成为社群生命中不断出现的事物，而不是先于社群存在的一个环节；使组织成为社群自身的一部分，而不是存在于社群外部的一种活动。总之，设计像知识社群这样的组织结构是一项挑战，它要求我们掌握创造一种重新定义社群本身的设计方式。

一般来说，要建立高质量的知识社群，就要给群里活跃用户赋能，赋予用户角色。知识社群有三种主要角色：思想领袖、活跃会员和普通社群成员，他们三者的比例大概是1∶2∶7。

（1）"思想领袖"是组织中定义前沿问题的人，或者是具有丰富经验、德高望重的从业者。这些思想领袖的加盟有助于社群取得领先地位和信任背书，并吸引那些想知道"还有谁参加"的其他关键成员。

（2）"活跃会员"是社群的中坚力量，活跃用户乐于分享，对社群有归属感，社群日常的内容创造、信息分享、互动交流都是由活跃用户提供。

（3）"普通社群成员"是社群的沉默的大多数，活跃度不高，他们习惯倾听、观察、单向的挑选接收知识社群的信息，是知识社群的基石，正是有了这些观众，才促使思想领袖和活跃会员持续地分享，普通成员的素质，也就是社群的群众基础决定了社群的质量。

正确处理社群角色首先要识别潜在的社群协调员和思想领袖。社群协调者和思想领袖是社群成功的关键。有时候社群协调员会从组织中自然浮现出来，不需要公司培养和干预。

社群协调者负责下列七类职责：

（1）识别领域中的重要问题；

（2）计划和推动社群活动，这是协调员的任务中最重要的方面；

（3）非正式地联系社群成员，跨越组织中单元的边界，做知识资产的经纪人；

（4）促进社群成员的发展；

（5）控制社群与正式组织（如团队和组织中的其他单元）之间的边界；

（6）帮助社群建立实践活动，包括知识库、经验教训、最佳实践、工具和方法、学习活动等；

（7）评价社群的健康程度以及社群对成员和组织的贡献。

社群得到的认可越多，成员承担的义务就越多。知识社群达到一定程度，这个组织将认识到他们能够做一些更重要的事情，于是他们开始为社群花费更多的时间。随着义务的增加，他们越来越愿意承担与管理社群实践有关的事务，包括委任任务小组来开发不同的领域。

一旦社群证明了它的生存能力和价值，社群面临的主要问题便从建立信息价值转移到树立探讨社群关注的知识领域的任务和边界上，定义探讨本社群在知识领域中的角色以及与其他领域的关系上，相应带来的是社群管理的边界。知识社群关注领域的实践问题不再是简单地分享想法和见解，而是认真地组织和管理社群知识。

随着社群形成更强的自我意识，核心成员开始认识到真正的学科前沿知识和社群知识的差距，感到需要更系统地定义社群的核心实践知识领域。这个阶段社群发展关键的问题是保持讨论领域的合理性，支持在组织中发出自己的声音，留存有活力的成员，筛选吸引人的社群调性和前沿知识关注点。社群在建立一个知识体系时，常常会形成强烈的对自己领域的专属感。他们对自己开发的想法、编写的指南、推动领域发展的方向和集体意见的贡献感到自豪。积极管理一个知识体系需要在专属和开放的冲突之间保持平衡。关键在于社群协调员和核心成员要抓住机会应对挑战，扩展社群的关注点，吸收新的看法。社群协调员应该时刻意识到社群活力的增减，采取行动帮助社群满足外界不断变化的需求，同时保持甚至发展社群的共同身份感。

3. 高效管理知识社群方法

高质量的社群，有以下几个共同点保障使进入社群的要求和程序常规化，大家可以参考以下几点来管理知识社群，如下：

（1）归属感：社群为用户解决问题，让群成员都清楚可以在群内认识谁？获取到本领域的哪些帮助？

我们需要让群成员有归属感，并发自内地为自己是其中的一员感到骄傲和自豪。在社群管理中最重要的一点是"促活",也就是提高群活跃性,只有这样才能真正地让这个群有价值,不变成广告群或死群。

如果群里信任与尊重的纽带和成员的共同的方向感是强有力的,与活跃度下降的相关的消极因素就不会扼杀社群的活力,而只是会成为社群活力暂时波动的表现方式。社群和个人一样,它的发展不只是随机的变化,还像生活那样有其方向。对于个人来说,成熟常常意味着对生活更丰富、更深刻的体会。对于社群,积极的管理意味着发展社群相关领域内更深入的知识和话题。通过对该领域的熟练掌握,社群能够提升一个公司和产品具有的处理问题、提出解决方案、设想新方向的能力。不管领域有多窄,总是有新的空间可以挖掘。只要一个领域能够生存下去,对技艺的探索就能够继续。只要人们想应用一种实践,就会想出变化和改善的方法。

(2)利基点:持续输出高质量内容和高活跃度的群成员都从群主这里得到过一定利益。

用户加入某个社群,肯定是因为能够有所收获,包括但不限于知识技能、好习惯的养成、资源对接等目的。所以,我们在建立社群之初,一定要考虑好如何给你的群成员持续提供高价值的内容或者资源,这样社群才会长久,也不会沦为广告群。

你的目标人群是谁?你能提供的稳定服务是什么?你的服务周期是多长?如果没有想清楚这些问题,无论是运营还是用户,都不知道在群里可以做什么。用户感受不到社群的价值,自然就会慢慢流失。真正能够留住群成员的,是切切实实的服务。

管理团队或社群发起者常常会邀请一位或几位受人尊敬的活跃会

员担任"社群协调者"的角色。如果可能的话,应当在社群发展的最初阶段就设立协调角色,他们将招募新人、会见潜在的社群成员并劝说他们加入,以及从发起者那里寻求支持。通过这些活动,他们开始在成员间编织关系,建立成员在社群发展中的角色。

社群协调者提高社群用户黏性的方式,就是尽可能地与用户产生一些瓜葛,产生一些利益关系,给用户一些好处,告诉他们在我这里是有好处的,用户就会不轻易退群。比如:获取过资料的人、咨询过问题的人……这些人都或多或少从我这里得到过好处,他们不会轻易退群或者屏蔽群,群内的一些活动是能给他们带来便利的。这也是维护粉丝需要的活动手段。

(3)信任感:了解用户的原生需求,跟用户建立信任感。

社群,重要的是粉丝关系,在群内及时回答用户的问题,就是和用户及时聊天,及时获取用户的需求信息,建立彼此之间的信任感。因为粉丝可能同时在好几个类似的群里,但用户无法同时在很多个群都活跃,其实谁的群能短时间内解决他的问题,用户对那个群的依赖度就更高。

(4)提升用户转化,需要几个活跃的群内意见领袖。

一个优秀的社群,需要有几个活跃的群内意见领袖,这些人对业务比较熟悉,同样也愿意在群内活跃,每当用户在群里咨询问题的时候,这些人愿意主动分享一些观点。实实在在地给予用户意见、使用分享,会给群成员更真实的效果,比一个人的自导自演效果更好,这就是社群价值的输出。

无论是日常的学习交流,还是知识内容输出,都是一种价值的体现,同样也能很好地带动群员互动。比如一个英语学习群,群主或者是运营者可以定时，每天早上在群里发一份热气腾腾的英语早报。或者可以安排每周某日做一个知识分享，学习方法交流会，让群成员更好地从群交流中收益。如果群内有专业老师，也可以安排展开线上学习交流讲座。这些都是很好的知识社群运营方式。

一个高质量的社群，会设计一些游戏或者活动，让群成员参与进来。有参与感才会有感情，信任度才会增加。

（5）有一套自己的严格执行的社群管理制度。

无规矩不成方圆，为了实现社群的目的，社群也要有一定的群规。它的主要作用就是界定社群内的各种行为表现，比如哪些行为是鼓励的，哪些是禁止的。群门槛的设置为了保证群成员的高质量，将不符合本群定位的用户踢出去，留下精准的目标用户。所以，我们在建立社群之初，一定要略加门槛，福利后置的方式吸引群成员。

建立一套严格的社群管理制度，该罚就罚，该奖就奖，这可能会引起个别粉丝的不满，但却可以让群内其他人满意，这也是品牌、运营的实力展现。很多时候让客户信任不一定是靠产品，社群的规章制度，同样是说服粉丝的关键点。

知识社群作为公司的虚拟资产，应该像管理其他关键资产一样系统地管理知识社群。对于"社群管理"，相信是很多人苦恼的事情，在社群建立后，如果管理不当，会导致群成员习惯性潜水，群内不说话，运营无从下手，用户也没有调动起来，沦为"死群"。

（6）果断结束没有生命力的社群。

知识社群可能因为核心群员的流失，也可能研究领域的过时，也可能是外部支持的丧失而变得没有生命力。任何事物都一样，知识社群也有一个成住败空的自然规律。带着一种决绝的感觉结束一个社群，既需要顺其自然，又需要找到一种让它继续存在下去的方式，存在于记忆中，或者以传统的形式存在。

即使结束是恰当的选择，关于结束群的沟通对社群也是艰难的，就像对家庭、团队和合作伙伴一样。所以自然的倾向是避免正式谈及结束，就让社群慢慢分崩离析；或者像那些传统互联网论坛一样，尽管社群已经失去了基于实践的价值，仍保持社交关系社群采用这种"软结束"没有任何错误，没有必要强调它的结束。软结束仅仅意味着社群没有利用这个机会表彰成员的贡献，没有把社群的故事传续下去就结束了。

判定社群究竟是真的奄奄一息还是仅仅需要复兴，需要非常好的判断力。结束的威胁使所有成员都认识到，社群之所以存在，是因为他们的参与给它带来了活力。这种脆弱使他们能够心存感激地看待目前的社群经历——它的活力、吸引力和共同身份感，正如对死亡的意识帮助我们理解眼前这一刻的珍贵。找准自己社群的定位，建群的初衷目的，用心、科学地去组织运营，相信大家都会一点点的成长，看到自己想要的结果，失败需要总结经验，成功需要奋力前行。

4. 知识社群的复制扩散

社群需要复制扩散，慢慢壮大，社群做规模越大，情感分裂的可能性就越大。社群人员越多，一个小的点可能就会造成恶性循环分歧。小圈子社群人员少，反而话题集中，垂直话题的社群更容易复制扩张。社群复制有三种模式：

（1）俱乐部制：社群一开始就约定起止日期及服务内容，服务到期续费加入；这种模式让社群在时间线上向未来延伸，让社群向更深度化。

（2）加盟店制：通过知名度，在全国各个城市建立分舵，每个地区若干负责人；这种模式在空间上进行了延伸。

（3）旗舰店制：不追求人员的扩展，而追求社群服务的升级，消费品的复制迭代，保证群员的持续消费力。

社群发展时，核心成员常常承担部分领导角色。但是，核心成员也有变动，因为为社群做出大量贡献的人知识丰富，一般还有许多其他事情要做。再有，当社群的关注点转移时，核心成员也可能对现在的话题不再感兴趣，有些人甚至退出了。所以，找到新的核心成员是社群协调者在这一阶段的重要任务。除了注意明显的潜在核心成员，如思想领袖或从业者中的专家，协调员还要寻找这样一些人：他们处于事业发展中期或涉足新兴的主题领域，很愿意有机会在自己专业的发展中担任更积极的角色。社群协调者不但需要培养新核心成员和领导者，还要为新发展的会员的需求和问题匹配其他成员能够指导的内容，为他们指定需要帮助的新成员。

在一步步地走过这些阶段的过程中，社群通常会经历几次关注点、关系和实践的变化。它们一般从分享想法和技巧向管理自身的实践转移到建立、完善和扩展它们的领域以及与其他领域的关系。它们把成员们彼此的知识、方法和对领域的集体责任感结合起来，从一个松散的个人关系网络发展成具有共同身份感的团体。和个人一样，社群既经历相对稳定的阶段，也度过重大发现的时期。有时这些转变阶段令人激动：建立新的联系，看到应用一种实践的新机会，感觉到新想法的先进性。但有时也会觉得事情正在发生变化，旧的组织在失去价值，或者是想法和方法在变得不那么合理。如同整个人类社会各个时期经历的动荡和混乱一样，知识社群也有这样的过程。

七、私域用户的营销转化

对知识社群中的超级用户进行运营，消费者的诉求不仅是要知其然，还要知其所以然，所以在社群运营5段论（引流、激活、转化、运营、裂变）转化的重点就是要晓之以理，动之以情，打动和说服用户。另外，知识还具有天然的自然优势，知识在消费者大脑中留存时间相比于广告和新闻时间更长，接受度更高（因为可以作为人与人之间的话题和谈资）。无论哪种营销方式，营销的最高境界就是让顾客愉悦地掏钱购买你的产品，也就是转化，不以转化为目的的知识营销不是好营销。从营销原理来说，引流就是为了获得市场线索，运营的目的是为了转化。市场和销售虽然是企业的两块职能，但确实具有密不可分一致行动性。

营销漏斗实质上是在某一时间节点对所有处于销售流程不同阶段的销售目标（或销售机会）的一张快照，并且将所有销售流程定义为典型的4个阶段：漏斗外、漏斗上、漏斗中和漏斗底，每一个不同的阶段对应销售需要做不同的工作，也对应销售目标不同的成功概率。

营销目标确立：设定系统用户分层，内容区隔用户行为

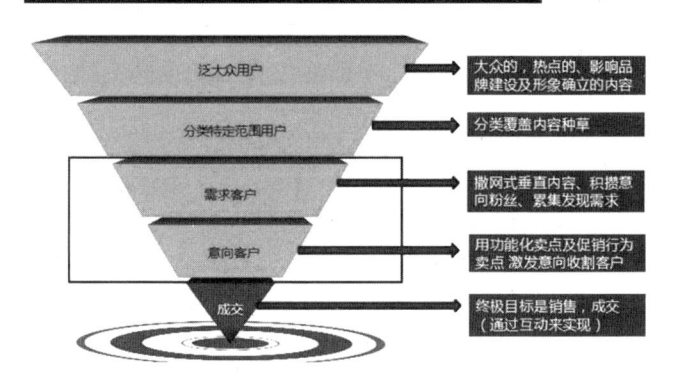

- 泛大众用户 → 大众的、热点的、影响品牌建设及形象确立的内容
- 分类特定范围用户 → 分类覆盖内容种草
- 需求客户 → 撒网式垂直内容、积攒意向粉丝、累集发现需求
- 意向客户 → 用功能化卖点及促销行为卖点 激发意向收割客户
- 成交 → 终极目标是销售、成交（通过互动来实现）

知识营销全漏斗从最初的线索，到触达到最后的转化，来自市场团队的 MQL（市场验证线索）仅仅是有意愿与销售进一步沟通。然而，想要正式进入销售漏斗，还需要网络销售人员的进一步筛选认证，确定线索是否真正有使用产品的意愿，挖掘客户的需求，并完善记录更加细化的客户信息，如需求、偏好、痛点、预算等。

一般来说，对于知识营销的在线销售人员来说，一旦确认潜客成为商机后，销售人员往往都会采取一对一服务对接的形式进行跟进，直至成单。在这一阶段，不论是企业微信还是个人微信，都只能作为一个非核心沟通的辅助途径，因而在销售漏斗的最后一层。对客户的触达手段有，基于企业微信的素材库、活跃通知、客户朋友圈等功能的作用就是辅助销售人员在常规一对一聊天沟通的基础上，丰富触达的场景、话题和宣传物料。还有一种方式是拉群，在群里互动更让用户有种多人见证的感觉，增加消费者安全感，有利于转化成交。

营销漏斗的每一个阶段的结果指标和影响因素需要用用户标签识

别定义，最终记录和分析，这是所有运营的基础。有这些数据，就可以有的放矢地开展运营，提升各层的转化效率。常规的内容营销从线索到购买普遍转化率在2%-3%，但知识营销可以优化营销漏斗，把转化率提升到10%甚至更高。

整个转化流程从线下转到线上（电话、群、个别联系），销售线索数量会减少，转化率也会在一开始降低。这就要求每天分析转化率，找出瓶颈，集中资源，单点突破。销售运营转化工作方式根据每日数据和用户需求变化，可每天复盘和迭代互动话术和营销活动，来适应提升转化率的要求，一切以最终转化结果为目标。

有五点方法可以提升营销漏斗各环节的转化率：第一，建立CRM系统，并建立销售线索打分和分配的规则。第二，建立基于数据的销售运营体系，找出转化率瓶颈，有机分配资源提升转化率，改进转化流程和话术，销售及转介绍政策。第三，做好销售及销售管理培训（此类培训不要归于人力部门，必须归于业务部门）。第四，优化团队管理和人员配备。第五，集中火力做好转介绍。

PART 6 个人型知识博主变现和发展路径

知识博主兴起

在互联网行业内早前就出现的内卷现象必然再次在市场营销界重现，各大视频平台在知识营销的"攻防战"也将不可避免。近年来，骤然兴起的电商直播，更是让一众带货主播先后封神，明星、企业家纷纷转向，直播带货俨然成了一场全民参与的游戏。然而随着行业的发展成熟，直播和短视频等营销方式也在发生着新的变化。

作为一种内容生产方式，短视频和直播几乎没错过任何一个风口，并且每一次都伴随着技术的更迭而迎来更大的商业机会。2018年到现在，各类短视频平台都推出了一个新的炙手可热的类目：知识主播。在短视频及直播带货的风口下，最赚钱的人变成了樊登、罗振宇、刘润和东方甄选们，成为名副其实的知识圈巨头。

一、主播回归专业，知识传递价值

首先，无论是直播带货还是做其他直播，行业竞争者越来越多，专业本身日渐成为主播直播的核心壁垒。以近年来兴起的"明星带货"为例，真正靠做"带货"出圈的明星非常少见，直播"翻车"的反倒不少。

与之形成鲜明对比的是，以"知识直播"出道的刘媛媛、李一舟等人，凭借在抖音积累的千万粉丝，逐渐成为细分领域的带货高手。可见"明星光环"并不是粉丝"买账"的关键，产品是否能满足用户的需求才是根本。

其次，无论是直播带货还是做其他主播，传递专业知识和价值，才是赢得粉丝信任的重要前提。

从长远来看，这种基于专业而兴起的知识直播，或许才能够代表未来的行业发展趋势。毕竟，即使再厉害的跨界主播，也不可能上天入地无所不通，这就给垂直细分领域的专业主播，留下了充分的发挥空间。

知识博主的兴起，在历史发展潮流里，是必然现象。知识博主的定位应该是一个有知识内涵的表演者，而不是是一个真正的学术权威。

二、知识博主的知识素养

想成为一名知识博主，首先要打破既有的学术权威的概念，但需要具备一定的知识素养。

瑞典生物学家林奈将生物命名后，而后的生物学家才用域、界、门、纲、目、科、属、种加以分类。种是最基本的分类单位，科是最常用的分类单位。同理，所谓"知识"都是在各种基础学科的基础上不断组合交叉形成的应用共识。比如，怎么把饭做得好吃可以是一种知识；怎么把衣服穿搭得好看也可以是一种知识，但这种知识需要大家有一定的共识基础，比如如何界定"好"的标准和体验。

所以我们如果不打破这种对知识和权威的狭隘观念，可能在往知识博主发展的过程中内心就无法接受这种新经济产业下的产物，也无法真正调动自己内心的创造新知的潜能。最后就是不自信，更不可能获得成功。

三、知识博主的特别技能

知识主播在短视频平台这个框架内，大多数是在表演，知识的真假和可实践性是一部分，主播的表现力和表演能力也是很重要的一个部分。光知道方法论，而不会表达，或是不敢表达自己的观点也是无法成为一个优秀的知识主播的。

知识博主不是特殊的群体，但他们必有特别的技能。

1. 技能掌握

知识博主不需要极高的表演天赋，也不需要是学术权威。知识博主最重要的技能就是不断学习新知，将被动输入转化成主动输出。

举个例子，现在最知名的知识博主一个是罗辑思维的罗振宇、一个是樊登读书会的樊登。他们应该在这个领域里算是领袖人物，但从传统学术意义上来讲，他们只能算是个文化商人，连他们自己都在一次次地强调自己只是在做知识的分享。也是他们的商业模式和思维方式，给了许多人启发，最终推动了知识付费行业的变革。

2.确立定位

如果你想成为一个知识博主，兴趣就是你要努力的方向，也是你成功的内在动力。比如你是一个宝妈，你想成为一个知识博主，你日常喜欢看亲子教育方面的资讯和书籍，那亲子教育的知识博主可以成为你潜在的发展方向。如果你已经是退休在家，喜欢养花种草或者书法之类的，那么这些领域你的总结经验和心得都可以让你成为短视频的知识博主。

3.准备素材

也许现阶段，你心里有很多的碎片化的知识，但不足以支撑你做一个知识博主，又或者你根本只是感兴趣，但什么专业知识都没有，不妨从以下几方面着手：

（1）模仿：任何知识的普及可能都是从模仿开始的，你先要找一些可以模仿的人来，把他们所有的视频资料看一遍，尤其是他们的观点，要记下来，用你自己的理解去说一遍，不要去搬运观点，可能开始很容易，但一旦你走上了抄袭和搬运的路径，很快你就会发现这条路走到头了。因为没有人会重复听第二遍已经知道的观点。不管你的解读多不一样，观点一致你就很难去超越原创者的逻辑。

（2）读书：你要做哪个领域的类型，就一定去读最新出版的相关理论的书籍,这些书籍你去网上书店都可以找到,只要搜索类目名字,或者去实体店转转,你就会发现网上知识博主的观点其实就是对某本书里某一段的观点搬运,原创的知识观点在短视频领域就是个笑话。如果你在这一步能够做得比较扎实,不仅学习了新知真的收获了知识,更会在若干年以后发现,做知识博主的这段经历真的让你成长很快。因为知识第一次直接和钱挂了钩,而这种将知识立刻变现的机遇,以前只在权威和顶贵阶层可以有,所以我们真的遇到了一个好时代。

(3)做调研、读报告:很多领域不是经验知识的传播,所以博主如果做需要数据和研究调查的行业知识,一定是需要做调研和报告的。其实像百度、腾讯、淘宝里其实都有卖报告的,或者像房地产、金融、大宗商品等这些平台里只要付费都能买到一手的报告,作为一个知识博主,涉足严肃财经领域的都要靠数据说话,这些东西你不看心里没有底气。这些数据报告不一定要完全懂或者理解运用,做短视频时带上一两句做论点一句,你的知识含金量立刻上了几个档次。

(4)选话题:短视频就是个风口,可能过两年就过去了,不可能给你时间让你去重头拿个专业学位再开始做。所以从表演者的角度说,我们选择一两个好切入的话题会比较明智。毕竟做短视频追求的是阅读量和关注量,很少有人会下来给你专门做学术逻辑和实践价值的研究切磋。所以选一些贴近生活和利益相关的浅显性话题,话题有一定的独特性和利他性就可以了。很多正牌的知识财经博主,也是用这个选题方法,把自己的数据或者课程用浅白易懂的方法解读出来,在后续互动中筛选出有基础的关注者,然后卖课程或直播卖书,开论坛收门票。

（5）练表演：短视频博主的门槛在于，真正有知识的学术权威，也未必会表演和表达。他们的学术严谨性和框架思维恰恰是制约他们成为博主的瓶颈。这句话听起来或许有点尴尬。现实中，会表达的有权威的学术泰斗根本不屑于在短视频领域收入这仨瓜俩枣，短视频平台中大多数的权威都只在采访或者官媒里出镜，想做知识博主需要明白一点，这个领域的创作价值不是谁说得高深谁说得更准确，而是知识的普世传播和大众理解力的提升。所以表演和表达能力就是一个门槛，如果你还在纠结你所要表达的知识的深度和大众接受度哪个更重要，显然，大众的接受度更重要。

（6）文本技巧：知识博主需要具有编辑文本的逻辑能力。就算没有经过系统学习，就算抄来的观点和理论一团糨糊，你也得重新整理内在逻辑，并编辑成文本。尝试先用一句话点明观点，提及参考资料显示权威性，整合梳理，举例佐证观点，最后期待讨论互动。

知识博主作为知识的搬运工，对知识进行加工改造再升华，或是讲一个故事，或是做一场分析，在人人都可以是自媒体的时代，抓住风口，兴起是必然。

知识博主的价值

知识博主的价值主要有：个人价值、用户价值、社会价值。

一、个人价值

1. 用输出倒逼输入，有益于个人成长。
2. 如果你有表演的天赋和技能，这个将会成为你最具价值的才艺。
3. 支持博主可以快速地展示你的人设，获取用户的信任，累积你的人脉，帮助你变现。

对知识拥有者自己的价值。人们曾说"学会数理化，走遍天下都不怕"；现在看来就显得可笑了。数理化是非嵌入编码知识，人人都学得会，计算机甚至可以做得更好。但是，对于个人来说，重要的便是为自己嵌入知识和意会知识，是属于自己的别人拿不走的知识。生活和工作中积累的经验、技艺，可以在一定程度上传授给他人；但嵌入式知识可能是潜移默化中获得的，自己也未必觉察。记得19世纪的大文豪歌德曾说："那些达官贵人崇拜我的知识，知识人人都可以学会；我之所以是歌德，是因为我的内心。""内心"，则是独一无二唯一的属于歌德的主观的意会知识。无论是知识的创造者还是知识的搬运工，都有必要回到自己内心，再让知识迸发出来。内心有多深，迸发有多远；内心有多善，迸发有多亮。

二、用户价值

近年来知识区爆火，引得知识博主们纷纷入场，其本质是什么？

1. 知识一直是刚需

知识内容，从古至今都是一条重金赛道。古有玄奘为求知不远万里远赴天竺去取西经，现有哈佛高端公开课全网火爆。所以，知识内容，其实一直都是王牌刚需赛道，不但付费率可观，而且用户的购买意愿还极强，其愿意付出极大时间、精力、资金来消费。

2. 知识工业化的强反馈

知识赛道，并没有完全互联网化。传统定义的老师们还在延续着传统的授课模式。但知识赛道，这些年也开始进行工业化。有很多人开始思考如何让知识内容通过"强反馈"来提高用户的愉悦感获得感。

知识赛道致命的弱点在于反馈机制。但知识博主的出场，让所分享的知识可以即时使用。因为知识的学习,是需要门槛的。但知识不一样,知识就在那里,无法修改难度。比如牛顿第一定律这个知识点,你无法修改它,让它变成 1+1=2 这样的简单难度。对于很多用户来说,付出无数努力,最后还是完全不懂,这是一个噩梦般的用户体验。

知识赛道的核心难点就在这里,所有人都知道牛顿定律很重要,很有价值,很值得学习,但问题在于,真的有很多用户无法理解牛顿第一定律,他们无法从学习中得到正面反馈。正反馈少,就是枯燥,枯燥的本质,是正向反馈少。所以,为什么头部知识博主们如此火爆,因为他们的金句你立马截图能用,他说的案例你网上立刻能做成表情包,这就是极快的强反馈机制。

为什么知识类内容都是蹭热点的火了?

因为蹭热点,本质是建立了快速的反馈机制,大家看了立刻就解答了这两天心头的疑惑,立马就有正面反馈。

此外,你可能还会发现,近半年来,越来越多的知识博主,开始在视频中加强正面反馈。

讲段子,娱乐化,把整个知识点尽可能揉碎了掰烂了讲清晰,尽可能让所有人都能完整理解。

而且,越来越多知识博主,开始工作室化,团队化,建立短视频团队,把长篇大论的内容,变成娱乐搞笑的视频。很多知识博主,商业模式一跑通,往往立刻就会开始团队化。

知识区博主,这一年来的快速迭代,其实就是在走当年电子游戏公司的道路,将知识内容降低难度加强正反馈。

甚至很多知识博主,现在都会在视频里加一个进度条,你看完多少，立马能直观感受出来，让用户高效反馈上用户对知识上瘾。

3. 知识博主的定义

如何定义博主所运营的知识领域呢？在我看来我们生活中能够运用到的都叫知识！销售技巧、如何化妆、如何搭配服装、如何制作一杯奶茶、如何种好一个植物，这些都是知识，知识的定义一定是广义的，而知识付费一种狭义的知识。我举个例子，比如说开奶茶店的小一，他会去把他自己的奶茶配方打包给他的用户；做销售的小二，他将多年来的销售经验分享给小四，而且价格便宜，帮助小四少走了很多弯路！

同样你在互联网上看到教人谈恋爱的，给人算塔罗牌的，教人做美食的是不是知识？这些当然都是知识，但凡你是个人就一定有你擅长的部分，而你所知道的这些可能就是别人没有的，但是正是别人需要的。现在越来越多的人有意愿去提升自己，为知识买单，而且知识付费的市场将会达到400亿！你能说哪位知识博主不是自带价值出场的吗？

以小红书为例，作为月活用户超3亿的内容平台，小红书一直是一个知识和经验分享社区，从最初购物、消费经验分享，到旅游、美食等生活经验和知识分享，再到求知、求学、求职等经验和知识的分享，一脉相承。

小红书社区知识品类负责人介绍，小红书知识博主在过去几个月成长迅速，在各自擅长的领域传递知识，形成了"人人都可聊知识"的氛围。过去，小红书以时尚美妆内容为人所知，但实际上，知识、美食、出行等多品类内容正在泛化破圈。也让更多人意识到，平台用户既追求美,也更加追求知识内涵,知识偶像正从社区内诞生。

三、社会价值

任何知识,只有与他人共享,为社会所用,才有价值。自由软件运动的倡导者认为,软件的源代码是属于全人类的公共知识产权,没有任何世俗的力量可以垄断人类与计算机的交流,并将这种垄断转化为巨大的经济强权。"只有在社会能自由地享用创新的成果时,创新才是对社会的贡献"。

作为平台来说,在知识直播快速崛起的背景下,一些此前没赶上直播带货的直播平台如抖音、小红书等,也开始纷纷切入知识直播赛道,试图在其中分一杯羹。而从现实情况来看,知识直播的定位显然是符合平台调性的,这也给更多知识博主提供宽而广的知识跑道。

从行业和平台自身来看,传统直播赛道已经非常拥挤,专业化的知识直播既符合行业发展趋势,也非常贴平台调性。

1. 符合业界与社会对直播的正向期待

无论是B站专业法律博主罗翔的爆火,还是抖音复旦教授的出圈,都说明了国家和社会对知识直播这个标签的认可。

从平台自身情况来看,知识直播贴合平台自身属性。比如,在知识这条赛道——百度知道、知乎、文库等产品经过十余年发展,积累了超过10亿高质量内容,平台也积淀了海量知识用户,无须过高的用户拉新成本,就可以实现内部的存量转化。与之类似,B站作为新人类阵地之一,在过去多年的发展过程中也积累了相当数量的高质量内容和直播资源,这也是其能够切入知识直播赛道的核心关键。

2. 利于打造差异化的平台标签

与其他直播平台做短视频内容以"kill time"为目标不同,知识直播更多是基于用户需求而做出的延伸服务。如疫情期间百度通过云游图书馆、博物馆等方式,吸引了大量的用户关注,极大地满足了用户对出游的期待。

而以知识搜索为流量入口、以直播为内容形态与平台服务(实物电商、本地服务)的结合,无疑为平台开创新的第二增长曲线铺平了道路。比如,抖音此前发起的直播带货、入局本地生活服务等,都在短视频兴趣电商转型中发挥了重要作用。

3. 在某个领域持续输出有价值的内容

(1)持续:因为现在管是哪个平台运营新媒体,都需要大力出奇迹,高产才有竞争力。不管哪个平台,日活都是一定的,并不会突然大幅度上涨。我们要的就是流量红利,所以你不持续去发内容,哪里来的流量呢?

(2)价值:我们现在就是要比谁的内容做得更好,更有价值,就是要去拼谁的内容更加专业,更加吸引人。所以呢,你必须得持续输出有价值的内容,如果想要通过做知识博主来实现流量变现,你必须得先给平台来创造价值,先给知乎上的用户创造价值,用户都觉得你好,他才会关注你,这才是一个正确的逻辑。

（3）差异化：既然我们说要脱颖而出，那么就要与众不同。差异化不是我们追求的最终目标，我们要的是特立独行且正确，而不是追求纯粹的差异化。有人说我在知乎看见一个教育类知识博主的账号，我想做一个同类型的账号，会不会因为我跟他做得很像，用户看到我就觉得我在抄袭他。社交媒体平台是足够大的。你认识的那些大V，可能其他用户根本不认识他。你尽管去做就好啦！

知识博主 IP 打造

每一个知识博主都应该打造个人 IP！想要做知识博主并且实现流量变现，到底都应该做哪些准备？一些想通过做知识博主来实现财富自由的人，也许都不是很了解这个行业，现在就来说说一个知识博主都如何打造个人 IP。

现在互联网极大地放大了个人的能力，所以，未来个人 IP 会变得越来越重要，这是趋势。其实我觉得 IP 简单来说就是：专注＋专业＋垂直＋坚持＋持续输出＋利他＋价值＋信任＋积累＋耐心。

做 IP 要让用户始于颜值，陷于才华，忠于人品。对价值观的共鸣、人品的认可、价值的肯定而产生的信任和偏好，才是个人 IP 最终的归宿。我们现在所说的运营 IP 其实大概率是在做知识类 IP。知识 IP 是一种基于个人为中心的商业模式，它的本质是依靠知识型内容输出来持续获取流量，也需要打造属于自己的知识型产品或服务来实现稳定可持续变现。

知识IP就是要输出专业的知识，给用户解决问题。不管什么行业其实都可以做IP，比如你减肥成功就可以教别人如何减肥，或者你是美妆达人就可以教人如何化妆等等。

知识IP本身就需要不断输出，不断给用户提供价值。这也能不断倒逼自己不断成长、不断学习、不断输入。每个人也都可以打造自己的知识IP。做IP的知识储备门槛，其实也没那么高。你只要在某个专业领域内有3年以上的经验积累，也有一些知识总结和内容输出能力，就足够了，甚至只知道一点也可以启动。

很多朋友说我的粉丝也不多啊，可以做IP吗？可以赚钱吗？其实外行人看粉丝量，内行人只看转化率和精准度。

未来肯定不是看粉丝数量的时代，而是看粉丝质量、变现能力和精准度的时代。有些大V看着几百万粉丝，但粉丝质量不高、不精准，很多都是泛粉，这就很难变现，或者变现力不高。我的观点是未来几年别想做什么粉丝几百万的大IP，那样的机会已经很少了，已经很难达到了。但你可以做一个拥有1至10万粉精准粉丝的账号，每月可以稳定变现1至10万元不等的知识IP账号，相信我，这真的不难。

做个人IP前你要想清楚自己的变现产品是什么，它们面向谁，解决什么问题，然后你在内容上就专门面向这群人来做内容做输出，吸引到高质量、精准流量的关注，这样你也才能更好变现。而思考变现的起点，永远是你的产品、用户需求和定价。做个人IP的商业模式其实就是要帮助用户解决问题的同时顺便赚点钱。

其实不管做什么的，不管你能力有多差都可以做IP。只要有势能差就可以做IP，而想要做IP也必须要有势能差。什么是势能差呢？价值流动是90分向80分传递，80分向70分传递，一层一层向下传递，每一层的价值流动就会产生势能差。假如你能力不强，但有个60分，你就可以帮50分以下的，虽然只要有势能差就可以做IP，但至少要让自己在及格分也就是60分以上，这样你就可以帮助60分以下的，特别是小白。所以我们做IP一定要找到自己的势能差。

做IP是可以边做边学边帮他人的，不一定要自己的能力非常强的时候再去做，你可以一边做IP，一边学习，一边帮助用户解决问题。

有一种账号的变现能力是特别强的，就是人设IP类的账号，也就是所谓的创始人IP。为什么说创始人IP他的变现能力比较强呢？因为创始人都是领域内的专家，专家是自带信任感的，在知识营销成交的逻辑里面，信任感是一个非常重要的逻辑，所以创始人IP能大量变现的原因是创始人IP自带的信任感。

比如我是一个护肤达人，我是护肤这个领域的专家，我说护肤的知识，你自然会信任我，并且为我而付费，这就是创始人IP的好处了。

变现其实是我们做账号的最底层逻辑，当我们的文章出现在用户的面前的时候，用户就会为你的文章付出行为，我说的行为是什么？点赞、评论、分享、转发。但其实很多人说知识营销的粉丝不值钱，不是粉丝本身不值钱，而是你的文章你的内容吸引到的粉丝不是你的目标用户，我们在做知识营销的时候，你发什么内容，就会吸引什么用户，为什么有些账号粉丝少，但是变现力很强呢，因为抓住了付费的流量，也就是我刚才说的创始人IP类的账号就是这种。

知识博主真正赚钱的核心，其实不只是知识付费课程，关键在于

"知识产品""会员费"和"创业项目"这三层商业模式。

创始人IP账号中最具影响力之一的知识博主是樊登。

知识付费第一层盈利是知识产品，樊登期初也是靠第一层盈利模式，赚到了第一桶金。樊登最初做知识付费是以个人的影响力，吸引受众人群，通过社群作为营销场景，把喜欢听他讲书的人拉到群里，每人收取300元，一个群加满了，再加第二个群，就这样轻松赚了30万。

樊登从30万起步，到年入10亿需要做的是第二层的盈利，以个人品牌、做短视频矩阵在全网圈粉8000万，形成社群效应，然后在社群的基础上打造平台。这样就可以靠公域去引流，通过读书会平台收取会员费。

无论是靠社群收费，还是搭建读书会APP，樊登在第一层与第二层盈利中，其实都是针对的C端，赚的是C端消费者的钱。

真正能够让樊登年入10亿的，不是短视频矩阵、个人品牌以及APP卖会员，而是从消费市场进入了创业市场赚B端的钱。樊登是先通过各种社交媒体、线下演讲作为渠道，形成个人品牌，吸引粉丝，然后在粉丝中招募合伙人。让粉丝成为各区域的代理，这样就能够实现一箭三雕：第一是吸引粉丝靠知识付费产品赚第一笔钱；第二是把粉丝转化成为合作伙伴，收取代理费赚第二笔钱；第三是借助代理商作为流量入口，帮助自己传播推广，形成裂变效应。

也就是说，樊登做知识付费，不是靠一个一个卖会员，而是一批一批的卖会员。靠个人品牌产生的信任背书后，就能够用一堆合同换钱，不仅能够让代理商给他掏钱，也能够让各地的代理商帮助他赚钱，为他打工。

包括最近在短视频平台比较火的海参等网红，都是以短视频作为入口，打造个人品牌，以知识付费打开市场，招募合伙人，让更多人帮助他赚钱。

只有这样，知识类的博主才能年入千万以上，反之单靠卖知识课程很难赚到大钱。

在短视频的风口下，普通人如何靠知识付费去赚钱呢？

作为普通的草根创业者来说，未来无论你在哪一个行业创业，都能够以知识博主作为个人品牌，通过知识课程(培训)打开市场。

因为，只要我们成为一个行业的导师，形成个人品牌效应，就能够吸引粉丝，并通过课程培训去教育客户，把粉丝转化成为合作伙伴，然后再嫁接到创业项目上。

知识付费与创业项目相结合，是短视频风口下最佳的盈利组合。

现在越来越多的人在做自己的个人IP品牌，他们有的是某个行业的专家，有些是在某个领域有自己的一点专长，有些则是对某个领域比较有兴趣或者从事某一方面的生意，通过建立自己的社群不断地影响一批粉丝。

微信提供了最好的社群工具，个人微信号、微信群、企业微信、公众号、视频号、小程序等，都为个人和企业做私域流量运营和变现提供的一个天然的好环境。

那我们的个人知识IP品牌该如何做，又怎么运营好自己的私域流量并做好适合自己的裂变体系呢？

我相信大部分想做或者正在做个人知识IP品牌的从业者，都应该知道自己主要擅长哪一块，自己的定位是什么，如果这些都还没有想清楚，做起来就没有方向，效果也不会很好。做个人知识 IP 品牌，其实就是在经营个人信誉、认知、温度。一个人你天天看到她，可能之前不熟悉也会慢慢变熟悉，熟悉就能产生信任，有了信任才更容易相信你说的话，相信你推荐的东西，最终达到商业变现的目的。

如果按照这样的逻辑，那么，做个人知识 IP 品牌期持续的输出内容，是非常重要的，哪怕是输出的内容一般般。可能有很多人做个人 IP 品牌都遇到一个很大的困惑，就是不能坚持持续输出，其实，能够持续输出优质内容是非常非常难的事情，也很少能有人做到，所以，刚开始不要做太难的事情，就是没有内容写，转发一些和你品牌相关领域的文章，或者写小段小感想，甚至就是拍一张照片都可以。

那么，在积累了一定数量的粉丝后，怎么运营好自己社群的这些私域流量呢？怎么能做好一个裂变活动，让自己的粉丝数量成倍地增加呢？

在个人知识 IP 品牌领域，做好自己的社群就是经营好自己的私域流量，只有经营好自己的私域流量，做裂变活动才有可能成功。

裂变的底层逻辑是一批种子用户（黏度却强效果越好）+ 奖励（诱饵越切近目标用户需求痛点裂变效果越好）+ 分享机制（流程越简单越好），其中最根本的是基础的种子用户，也就是你最最核心的铁粉（超级用户）。

只有用心经营好最开始支持你的那群人，才会有后来的持续回报，你的产品也许还不够完美，你的内容也许还不够打动人心，但那群铁粉会有耐心等你变好。1 个铁粉能顶得上 1000 个甚至是 10000 个普通粉丝，你的绝大部分变现收入可能都是那 20% 的铁粉贡献的。所以，经营好你的最初始的铁粉是一件非常非常重要的事情。只有这件事做好了，你后面做的所有裂变的动作才有意义。

裂变的诱饵，对于不同的人群的吸引力是不一样的，主要原则还是研究你的目标人群的痛点是什么，根据他们的需求痛点再结合你提供的服务或知识产品相关属性去选择。对于个人IP知识品牌，很多都会提供一本书（实物）或者提供低价参与训练营（虚拟产品），实物奖品一般会比虚拟奖品吸引力更高，只要你提供的奖品对目标客户有比较大的吸引力就行，如果不知道能不能打动核心用户，可以先做一些调研或者直接用100个目标用户小范围的去试，看反馈情况。

最后，分享机制的设置，这个没有所谓最好的方法，只有最合适你的方法，是用分享助力免费领奖品，还是1元5人拼团，还是抽奖解锁课程等玩法，要看你的裂变的目标是什么，你提供的产品是什么，你的初始粉丝黏度怎么样，你的最终导流路径怎么设置综合来定。在裂变的套路玩法上面，市面上有很多大的公司的玩法都可以参考，主要是参考他们的分享路径，看看别人怎么做得让用户很简单地分享出去的，这方面可以参考裂变玩法集大成者拼多多。

知识博主品牌推广

从品牌的角度上来讲,某产品或者服务注册了一个商标,就有了品牌。当你买了个钱包不能就认为自己有钱了,顶多有了个装钱的容器。注册了品牌如同只是有了个钱包,你得往品牌里面注入用户的了解、信任、偏好,才能让品牌产生价值,才有了价值的延伸。

一、价值的延伸

1. 往品牌容器里注入"品类"价值

品类是什么意思呢?就是你做的产品,和别人不是一类。你涉及的领域更细分,解决了更独特的需求。

比如"怕上火,就喝王老吉"。饮料无数种,但是王老吉创立了一个"品类",然后通过广告、营销、赞助综艺节目,不断往这个容器里注入品类价值,让消费者最终产生偏好。

2. 往品牌容器里注入"品位"价值

品位价值更多是给消费者提供一种情绪价值。你发现了吗?购买奢侈品的人并不在乎产品的功能价值,而是拥有这款产品,能收获愉悦满足的心情,这就是这类产品在满足基本功能之外,所带来的情绪价值。所谓"千金难买我乐意",用户在为快乐、喜欢、热爱买单时,同时也在为产品提供的情绪价值买单。

情绪价值能令人疯狂,例如泡泡玛特盲盒用户带来的情绪就是持续不断,层层递进的,未知刺激了用户的复购行为。

3. 往品牌容器里注入"品质"价值

定位高端,保障自己产品的质量。无印良品是这方面的典型代表,拿掉了商标,设计简单不奢华,腔调品质,带来了产品溢价。今天你看到的很多品牌,格力、海尔、美的这些都是往"品牌容器"里装了满满的品质价值。

有人喜欢买贵的,但也有人喜欢买好的。所谓的好,就是你的产品能提供"品质"价值。

二、搭建私域

知识类博主最大的优势在于引流私域，用户就是流量！开始做私域吧，掌控你直接拥有的、可以重复、低成本甚至免费触达的场域。在忽略你每天写文章的成本后，你做个公众号，持续输出高价值内容，最终让认可你观点的人在朋友圈转发、推荐，这其实就是在用裂变的策略，在免费的公域（朋友圈）里挖用户。

就以公众号为例，只要我内容做得好，更多的读者愿意分享、转发、点在看，那么我在这个免费公域里就能获取更多的流量。

在这里建议用三步法，去搭建属于你的私域：

1. 把公域流量私有化

一种方式是，通过购买朋友圈广告，把公域流量导入到公众号、企业微信、微信群等私域用户池，这就是把公域流量私有化。

当然，购买朋友圈广告只是举例。在这里，因为打通了，你可以在线上，购买各个平台的公域流量；在线下，通过租赁旺铺和广告位购买线下公域流量。总之，就是付费把公域流量私有化。

另一种方式是，通过裂变策略免费地把公域流量私有化。通过高价值内容，让用户忍不住分享到朋友圈这种方式，把公域流量私有化的。例如公众号水库，有190万用户订阅。这些用户里几乎都是通过他们看朋友的分享或者转发关注的。水库坚持数年如一日地撰写高价值地产投资原创内容，就是让读者看到后产生共鸣然后分享，用经济知识去影响这些中国最稀缺的高价值用户，最终获得收益。

2. 私域用户池运营

各行各业，再加上不同的诉求，因人而异，每家公司可能会选择不同的私域用户池。有的公司，擅长生产文字内容，那么他们可能会用公众号承接；有的公司，有大量的运营人员，那么他们可能会用微信群承接；有的公司，有大量的导购等销售人员，那么他们可能会用企业微信承接。诉求不同，用的就将是不同的私域用户池，甚至多个私域用户池混合着用。

总之，用自己最擅长的方式最高效的承接从公域流量私有化来的用户，服务好他们。

3. 私域商业化

商业化简单来说，就是完成交易。很多人会说，商业化不就是最终把流量变现嘛。可以这么说，但是我们不喜欢用变现这词，所以我们用商业化。而且变现，把做私域的目的，说得也狭隘了。

知识博主也可以把最终完成交易这步，叫私域商业化。那么，品牌推广核心是什么？首先，内容至上。涨粉的主因是因为内容好，条条上热门，甚至经常上大热门。

（1）怎么做？怎样才算内容好？

首先，要知道自己有什么过人之能，有什么值得分享的东西，如果没有还不如不做。划重点：内容聚焦。

其次，什么叫优质的内容？选择天然吸睛的选题，讲自己的故事，或者当成自己的故事来讲，那就不一样。

那么，有了好的选题，可以自己编吗？可以请人编吗？甚至，可以抄吗？编的抄的，都不如自己亲历的有感觉。如果不是自己真正的东西，那么表现力肯定大打折扣。脚本再好，也是像演的。除非你真正内化成自己的东西。但要把别人的东西内化成自己的东西，是非常费劲的，有这个时间，你为什么不直接展示自己的专业知识？

观众不是傻的。你不只是有这个知识，你还得"有持续的"原创优质内容的输出能力，这是核心。

（2）优质的内容，其实主要是八卦。

真正有用的干货是很难上热门的，这些视频的点赞就不会太多。但是，能上热门，尤其是大热门的内容一定是八卦。

干货类视频的好处是转粉率高。但八卦类视频的好处刚好相反，赞特别高。因为八卦是人类的天性，也是社交和传播的工具。

所以好的策略是，每三到四个干货之间夹杂一条八卦视频，八卦容易火，但是转粉率不高。一条高热的八卦作品会有很多人点赞互动，抖音就会默认这些人喜欢你的作品，接下去几天，你的内容他们会持续刷到，所以这时候你发几条真正对用户有帮助的干货，粉丝就会暴涨，注意，说完八卦千万不要带知识点，带了就不火。

再次强调，想上热门，重点是选题内容。但选题的方法也要注意以下几点：

第一，豪车、豪宅、高端形象。豪车、豪宅能帮助你提高转粉率，比如一条作品火了，本来能涨 5 万粉丝，但是如果坐在豪车里就可以涨 6 万粉丝，但也仅此而已。豪车、豪宅对转化根本没什么帮助。

第二，上热门重要的是完播率，但优质内容更重要。几个上热门的权重中，最不重要的，是点赞，最重要的是完播率，现在的用户耐心越来越少，最多给你两秒钟，如果找不到重点就直接划走了。

所以视频开头两秒钟一定要说重点，千万不要买粉刷赞，一刷赞就会降低完播率。刷赞刷粉必上不了热门，千万不要低估抖音人工智能算法的力量。

但是千万不要因为追求完播率而刻意压缩优质的内容。内容精简确实没错，但是重点要说到，因为内容优秀才是核心，平台规则是其次的。

（3）一定要有信念感。

有信念感，内容才容易有价值感。你先分享真正好的内容，观众感受到你的诚意，自然就会点赞甚至关注。

知识博主的几种变现方式

流量改变存量,存量改变世界!

如果你也是苦于无法获得变现的那90%的人群中的一员,那么一定要掌握这3个变现诀窍:

一、学会用知识付费变现

收入之所以能够倍增,主要取决于定位与盈利模式的改变。

无论你是做短视频、中视频,还是任何形式的自媒体,最初都会把精力聚焦到内容创作和涨粉上。最终的目的都是为了积累粉丝,去接商业广告或者去做带货变现。可事不如人意,但凡跟我想法一样的人最终都会停更,无论你是几万粉丝,还是几百万。

因为仅靠做广告变现是非常被动的，就像守株待兔，如果没人找你做广告只能坐吃山空；而靠带货变现，如果不是头部博主或者主播，获取的分成也是微不足道的。

了解过知识付费的都知道，线上课程培训是一本万利的，只要录制一次就能够反复销售，所以知识博主的最佳变现能力，不是带货、接广告，而是卖知识产品。

二、聚焦到垂直的领域

知识付费大家都已耳熟能详，但并不是所有人都能够靠它赚到钱。

问题不在于努力与否，关键在于聚焦。尤其是内容创造者不断增加的今天，各个领域的博主都已人满为患，必须要独辟蹊径，找到新的财富道路。而实现此目标最佳的方法，就是聚焦、聚焦、再聚焦，在一个垂直领域做到不可替代。

新个体是以互联网、短视频为经营场景，以个人品牌作为背书，为消费者提供解决方案，满足人们的精神需求。例如，直播带货、自媒体、社交零售、内容创作等都属于新个体经济。

但作为新个体经济的概念还是太宽泛，所以知识博主们聚焦到了新个体的知识变现板块，专门赋能知识博主实现知识变现。

聚焦细分领域，靠卖知识变现，这个思路与模式适合每一位知识类的博主。作为知识博主，想要在竞争加剧下屹立不倒，必须成为细分领域的NO.1，针对一类人群，提供持续的服务与价值，才能提高自己的变现能力。聚焦到垂直的领域，针对一小部分人去提供服务与产品，路会不会越走越窄，这是每个博主担心和顾虑的。结果其实恰恰相反，越是聚焦越容易变现。

三、学会矩阵营销模式

当你已经是一个熟练的知识博主了，积累到一定的播放量和粉丝量了，你的分享也得到了很多回应和支持了，他们的需求和你当初小白时期一样，迫切地想系统而详细地了解全面知识架构了。那就到了一个知识变现的成熟机遇期；如果你不是抱着公益的目的来的，想养家糊口并进一步做下去，做以下的工作就是必须且必要的了。

1. 做课程课件

小白起步的做这个可能难度会非常大，不建议去做。有系统知识基础的博主通常会选择做这个。确实，知识博主的利润最大化诱惑就在于"一份文本无限复制"，网络课程的边际成本几乎为0，扩张效应趋近于无限，知识课程作为暴利商品竟然超过了99%的其他行业；入门的小白也不是没方法，只要踏实的分享自己专业领域的真知就行，如果你的课程开始起量，那就证明市场开始接受。

2. 开直播讲课

知识博主一旦积累、梳理到一定的阶段，知识架构达到了体系化，那么小白也就成了专业领域的达人级别了，开课讲解的目的主要是满足粉丝和偶像之间的互动需求，讨论一下领域内的专业问题，对粉丝展现一下对专业领域的独特认知，可以开始增加内容打赏。

3. 社群营销

把粉丝从公共平台引入到自己的社群里，VIP收费，群内做专题解读和互动，线下见面交流、会员活动一起带着某品牌植入进来，挣赞助费和门票钱，也可以带徒弟，再把上面这些攻略方法复制出一系列关联领域的博主，做成知识矩阵和IP联盟。

4. 品牌合作

比如做母婴知识的博主，可以和某个品牌合作做专题短视频（非直播），有的平台也有专门服务大V的客服会帮忙联系做广告品牌商的引入推荐，也有的平台会直接植入广告链接，等等。

很多人关心做知识博主收益周期和成熟周期状况，这个根据实际情况不一而定，主要看粉丝积累和作品的质量。所有平台都是根据播放量、阅读量和互动量的转化情况以及植入广告的相关效果来做收益测算模型，品牌方主要就是看重后续IP的溢出商业价值。

四、平台内容计划，以知乎内容计划为例

知乎内容计划，向"知识"破圈。重内容形态转型。

从目前的情况来看，知乎平台的破圈更侧重于内容形态转型。毕竟，从知乎问答社区的平台定位来看，其本身几乎涵盖了从网文小说到科普教育、从理财赚钱到文史哲等诸多领域，其内容本身几乎是无

边界的。但处于互联网下半场丧失流量红利的冷峻现实面前,知乎已经到了不得不寻找新出路的时刻了。而推动平台从图文向视频的转型,无疑是其寻求破局的核心关键。

从知乎本身情况来看,海量高质量内容创作者和以求知为目的的社区氛围,是助力平台转型的核心依仗。作为全国最大的知识类问答社区,知乎上聚集了大量的高质量内容创作者,这些内容大V无疑会对后期平台的视频化转型发挥出巨大作用。从这个层面上来看,走"小红书"的路或许才是知乎内容转型的核心关键。

1. 赞赏

赞赏,就是人家看了你的文章,觉得你的内容不错,用户可以对喜欢的作者的回答,进行赞赏支持,赞赏的收益全部归创作者所有。通过赞赏的方式鼓励你。这就有点类似直播打赏,公众号里的喜欢作者,这部分的收益其实是比较少的。

有"逼格"的知乎,玩的也是有"逼格"的直播。知乎的直播和其他平台不同,卖的不是娱乐,卖的也不是货,知乎卖的是知识,可以简单理解为讲座。

收益全靠观众打赏,大V直播的动力是人设打造,方便后期做变现。

2. 知乎 live

这是一种知识付费形式,比较适合知乎大V。需要一定的粉丝基础,粉丝认可你,觉得你的内容有价值,才会购买。开通知乎live变现的大V还是很多的,而且这个是被动收入。也是很多做知乎的人努力的方向。

3. 广告

广告收入，主要是软广、付费点赞、评论等形式。知乎对广告的管理还是比较严格的，就算你是大V，也不能肆无忌惮。

知识博主写出一篇高赞回答，数据很好，然后就会有一些品牌方找到你，要求在你的回答里插入对方的产品链接，然后付你一部分收益，和开头的好物推荐类似。

很明显，这种合作对自身回答数据要求很高，现在已经很少人能写出高赞回答了，平台的算法机制在不断完善，大量优质内容也在不断涌入站内，导致高赞回答越来越少，很多知乎博主，运营一年以上，结果连一篇千赞回答都没有，最后不得不放弃知乎运营。

还有一点，就是那些主动找上门的品牌方大多报价很低，高报价真的很少，或者说品牌方的预算就是如此，作为知乎博主，如果非要提升价格的话，人家完全可以找其他博主进行合作。

4. 知乎好物推荐

知乎好物，就是在你的内容里，插入推广的商品，按订单拿提成的一种形式，就是知乎版的淘宝客。之前说过，知乎的用户群体素质整体较高，后期转化变现的能力更强，这块，是做知乎要好好努力一下的方向。

知乎好物不是一个大项目，起码不是过往两年那种可以一口气吃撑的项目，但毕竟知乎好物还能填饱肚子，加把劲做到了那20%的少数人，收入也还算可以。

但知乎好物的盘子毕竟不大，最后剩下的只会是一小批玩家，平台不会将流量全部给了先行者，让后面的人汤都喝不到。

所以知乎好物这个项目会一直存在，但后期进入的门槛只会越来越高，对于创作者的要求也会越来越高，既是内容又是软文，这就是知乎好物以后的发展趋势。谁更专业，谁混成了大V，谁写的文案更好，谁就能吃肉喝汤。

5. 引流变现

大家都知道，知乎属于公域平台，知乎上的粉丝自然属于公域流量，如果想提升自己的粉丝价值，那就要学会把流量引导自己的私域平台之上，然后让私域用户为你的项目买单，从而实现价值最大化。

这个严格来说，不能算作是知乎的变现方式，一般是把知乎的粉丝引流到公众号、微信进行变现。知乎起到建立初步信任感和导流的作用。

多数公众号大V，他们就是把知乎当作自己的流量平台，通过在知乎不断输出，持续不断地为自己的公众号引流涨粉，从而成功打造自己的个人品牌，实现私域流量最大化价值变现。

虽然最后一步变现的动作，不是在知乎上完成的，不过要在知乎内完成从公域到私域整个过程非常的重要。而且，这也是目前很多做知乎的大V普遍达成能够变现的运营玩法。

五、抖音卖书

抖音入局知识营销寻找优质用户增量。

对于抖音这样的老牌短视频平台来说，拓展新增量才是其入局知识直播的核心诉求和目的。

一方面，经过多年的发展，平台内偏重娱乐的短视频内容已经渐趋饱和，平台上用户消费视频内容的习惯也逐渐发生了改变。一个短视频内容负责人在接受媒体采访表示："尽管图文效率比视频效率要高，但如今用户的习惯正在发生改变，正有越来越多的人通过视频内容来学习知识、看新闻资讯。"因此，引入知识类内容，不仅是打破抖音平台内容"过度娱乐化"的一剂良药，还是抖音满足大众用户关注正向内容需求的必然选择。

另一方面，抖音加速的商业化，正在导致平台被大量的 BGC 品牌商家占据，而以达人内容分享为代表的 UGC 内容则被挤占，草根素人纷纷从平台流失，抖音迫切打破生态失调的困局。

自抖音官方力推企业直播以来，抖音平台的达人直播流量就开始纷纷下滑，很多百万级粉丝量的达人号直接停播，这必然在一定程度上造成草根内容的流失。从生态角度来说，抖音需要引入各个领域的接地气的内容、新鲜达人来活跃平台氛围，平衡平台内容生态。

而具备持续运营的知识直播，无疑是一个抖音支持的领域。毕竟，在互联网流量见顶、大平台流量增速下滑的大背景下，平台知识类内容的增多，能够带动更多愿意学习的人上抖音等平台上来看看，这无疑对平台吸引爱学习的高知人群发挥重要作用。

利用抖音出售书籍，专业名词叫作抖音书单。简单来说，就是在抖音上推荐图书。用抖音卖书思路非常简单，其实就是帮助书店商家进行推广，利用抖音的电商功能，当发布视频的时候，插入书籍链接，有人产生购买，就可以获得商家的佣金分成。另外，抖音卖书还具备以下优势：

（1）抖音卖书入门门槛相对较低，受众群体广阔。

（2）适合新手操作，基本不需要推广。抖音和今日头条的原理是类似的，只要发布的内容符合抖音的推荐规则，不违规，系统就会把你的作品给相关的人群进行推荐，因此，完全不用担心推广的问题。

（3）兼职全职都可以操作，不需要花费大量的时间，不用费脑子去想，傻瓜式操作，每天只需抽出一点时间来就可以做。因为很多人买书并不一定会看，但是买过后，就会感觉自己像是已经拥有了这些知识，也算是对自己的一种慰藉。另外，加上很多人爱学习，看到好书，也会主动购买，因此，书籍的销量是比较好的。

例如抖音上号称用经济学解释情感的主播"锵锵三分钟"，他运营的关键环节就是选品。抖音上的热门书籍分为以下几种：

1. 情感类

和情感有关的产品一直是各大平台的热门，代表的有《所有失去的都会以另一种方式归来》，在抖音上就获得了160万的赞，还有复旦女教授陈果的书，这类书籍的推广佣金都在20%至40%左右。能够击中普通人心理需求的情商、恋爱类型书单，往往都有着不错的销量。大家也都知道抖音用户爱跟风，销量高就意味着能够带来更高的销量。

2.独特创意书籍

除了常规的情感小说等，一些比较独特的书也是抖音上的热销款。以《答案之书》为代表的各类立体书，还有刺绣书、雕刻书、折纸书等，在发短视频时就能吸引巨大的流量，因此转化率也较高。

3.热点书籍

紧随热点也是经营抖音账号的要点，能够跟当下产生关联的书籍当然就能够自带流量。比如在灌篮高手电影上映时推销有关篮球文化和日漫的书，在热门IP改编的影视剧上映时推荐原版小说，就能自带话题，吸引大众的关注度。

目前抖音已经不推荐图片轮播的视频，单纯的图片轮播也有很多人在做，依靠简单的方式争取流量已经行不通了。那么如何在抖音上打造一个热门的卖书账号呢？

（1）真人出镜。抖音鼓励真人出镜，能真人出镜的自然就能获得官方平台的推荐。

（2）创意展示。抖音卖书之所以比传统电商好，除了流量大之外，还有一点就是它具有传统电商所没有的展示功能。以往我们买书只能通过图片和目录来判断书本的质量，但是通过抖音的15秒视频，我们可以直观地看到书本的内容。所以，能不能通过15秒短视频突出书籍价值的将成为抖音推书的重点。如果是小说，我们可以通过讲解、介绍、读后感、摘抄书中的精华段落等方式引起大众共鸣。热点类图书可以用追热点的方式去打造知识内容。

如果明确了视频方向，开始发视频后，可以先试着做个20条，在不同时间段发布不同类型的书籍。根据发布后的点赞量和转化率，摸索出发布视频的规律。除此之外，多参考那些同类型的大号，也能给我们带来一些数据上对标的启发。

优质的抖音视频账号在于有价值的原创内容，一开始要通过有趣、有内涵的视频内容引起关注。在抖音上有了百万粉丝的推书账号的视频都有着明显的个人特色，视频内容也都有着明显套路。要想在其中脱颖而出，就要会打造自己的个人特色。在抖音上卖书的优势在于不用自己囤货，发布一个视频就可以带动销量，就连淘宝商家也开始根据抖音的流量趋势来进货售卖。因此想要零成本经营抖音的赚钱项目的，可以尝试在抖音推书，利用业余时间就可以做，只要你有一个视频火了，带来的佣金收入过万也是有可能的。

六、小红书带货

吸引越来越多的优质创作者，生产符合平台鼓励的优质内容，获得流量。小红书消费氛围更浓，小红书的流量＝变现！

从行业来看，图文内容本身对用户的吸引力在不断下滑，而视频内容则成为平台吸引用户的核心。

以小红书为例，其最早是从图文笔记内容发展而来，后面随着短视频的爆火，视频内容逐渐成为平台的主流，凭借着先行先试的勇气，小红书迅速实现了自身用户量的迅猛增长，小红书 Slogan 也从"种草笔记"泛化为"标记你的生活"的综合性短视频平台。小红书的成功破圈，无疑为其他图文平台转型视频平台提供了诸多借鉴。

小红书，已经成为当下各种素人博主养成的绝佳试炼场，无论是美妆、护肤、旅游还是美食，总能在这里开启你的分享之路，甚至是"财富自由之路"。为了更好地了解知识博主品牌"套路"，选取了小红书一些大V知识博主的运营方式和特点进行分析，希望能给想要从事知识营销的人士带来一些启发。

1. 定位

任何一个账号的打造都要关注到自己的定位问题，最好能跟其他的账号形成差异。

无论从小红书平台诉求，或是品牌商业合作，垂直度永远是决定账号产生价值的核心指标之一。对于小红书平台来讲，一个账号今天分享学习APP，明天分享情感笔记，后天分享职场干货，系统打上的标签是非常混乱的，吸引到的粉丝群体也是混乱的，涨粉会非常慢，粉丝黏性也非常低，且容易因发布不同内容导致掉粉。笔记涉及的领域太多，系统将会自动降低账号的垂直维度的权重分数，小红书需要的是垂直领域的垂直内容，根据标签分类和算法规则，内容上不垂直的账号笔记能得到平台的推荐流量将非常有限。

对于广告主来讲，品牌投放的诉求是通过具有高重合度目标人群的KOL影响力，来传播品牌信息，从而达到营销目的。如果账号的粉丝画像非常混乱，意味着品牌投放人群不够精准，造成大量无效曝光，投放价值非常低。精准性是品牌优先考虑的媒介策略之一。对于账号本身商业价值来讲，一方面，广告主会给垂直领域的账号报价更高，另一方面，垂直领域的内容更容易引流到私域流量变现。从平台、广告主、账号本身三个角度，做好账号定位，说到该领域话题让别人想起来你是做什么的，深耕垂直领域才是做好小红书账号最重要的环节。垂直账号＝垂直内容，思考好自己擅长的领域，做好了账号定位，垂直深耕该领域的内容输出。

2. 内容呈现

对一个知识型博主而言，内容才是最重要的！知识型博主的内容可以精炼为两个字：干货！也就是一定要为你的用户带来价值，甚至能手把手教给用户某项技能，或者能让用户一看就会的，比如"北大A4纸背单词法""三步教会小白选到一只优质基金"，"5分钟看懂一家公司"，等等。此外，用户还会比较喜欢盘点式的内容，例如盘点"提高思维逻辑能力的10本好书""2021年最值得买的5个基金"之类的，就算用户不看，只要戳中他们痒点的，大部分人一定会收藏！

为了更好地达到吸引用户的目标，我们在标题上要简洁易懂，让用户一下子就领悟到你的这篇内容是在讲什么。其中我们可以利用以下几个方法：

（1）"数字法"：在标题加入"5分钟""三步"这种数字型的文字，因为用户对于数字是比较敏感，而且也能减轻用户看内容的压力；

（2）"借势法"：可以蹭一些明星或者是当下热点的流量；

（3）"情绪引导法"：利用用户的"愤怒""同情心""感动"等情绪来进行引导。

但为了方便搜索，在标题里一定要带出本篇内容的关键词，例如

"基金怎么选，看这篇就够了"就比"看这篇让你赚钱"要好。

除了技巧和内容之外，做小红书博主最重要的还是持之以恒、守住本心。如果不能坚持日更，也尽量保持两三天一篇的更新频率，增加在用户信息流中出现的概率。同时我们做小红书不能太过功利，要用分享的心态去看待这件事情，因为前期的阅读量一般都比较低，不能因为发了几天没人看就放弃了。在日常还是需要多研究爆文的技巧，多积累干货型的内容，优化撰写或者拍摄的方式，只要有用户认可你了，说不定哪天你就火了哦。

平台对知识创作者的争夺日益激烈，从创作者扶持方面来看，过去各家平台的竞争，还是面向普通创作者的扶持计划（如B站的"知识分享官招募令"、抖音的"学浪计划"、快手的"教育生态合伙人计划"等），如今平台的扶持已经上升到了定向专业人士和专家学者了。

内容抢位战不断升级。伴随着各大平台内容创作者身份和影响力等级的提升，平台相关领域的内容创作壁垒在无形之中被拉高许多。在这种情况下，各大头部平台为了提升平台的内容质量，必然会为有限的头部内容争夺不休，从而导致平台在知识直播领域进一步"内卷"。

随着视频平台围绕知识直播内容和人才的争夺不断加剧，行业内早前就出现的争夺战或将再次重现，各大视频平台的签约独家知识主播"攻防战"也必将不可避免。

PART 7 如何搭建和管理知识营销团队

知识营销团队搭建的意义

知识营销作为一种崭新的营销形式正在从纯电商交易场景中逐渐延伸到从种草到售后,并出现三大趋势:红人专业化、专家直播化、推荐场景化。在内容消费中,网民对知识的需求在持续提升,单纯的娱乐内容已无法满足内容消费者多元化的需求,能为消费者提供更多有价值信息、帮助解决问题的知识类KOL顺势崛起,专业知识类KOL不断涌现,为知识营销提供充足内容生产力。知识类KOL已经逐渐获得品牌商家们的青睐,但目前商业化程度不高,是网络流量蓝海。以抖音平台为例,已成功变现的文化教育、财经等知识KOL占比均不到20%。知识类KOL在商业化上仍有较大提升空间。

专业消费者的出现同时也给企业营销人员带来了更大的挑战,不仅仅我们需要专业的营销知识,也需要对自己所服务的产品做深入的了解(技术、实现原理、应用等)。"内容即营销,营销即内容"这种趋势未来会愈加明显。加强营销队伍素质的建设，熟知品牌的知识体系和具体内容，让营销更加适应产品的科技化、个性化需求，并在与消费者的互动中体现出专业与用心。

一、知识营销人力资源现状

从最近几年发展状况来看，受移动互联网以及短视频的影响，媒介融合已经出现全新发展趋势，其不仅导致网络新媒体传播载体有所变化，同时高新网络新媒体专业人才培训机制也需要进行重大改革。专业调查报告显示，无论城市新媒体岗位需求，还是关键词的搜索等，包括人才需求分析，最终调查结果都存在很大的市场空缺，规模较大的行业以及经济发展水平较高的城市体现更为明显。随着市场对营销内容关注度的持续提升，人才培养要求也要有所改变，技能需求重点集中在掌握数据应用以及新兴互联网工具方面，往往企业对于掌握视频拍摄以及数据分析技术的人才的需求更大。

目前我国尚处于对知识营销人才培养的初步探索之中，但报社、电台、电视台、出版社等传统知识传播的媒体转型并不彻底，乃至知名考研指导名师张雪峰说考新闻系一文不值的事件。各大网络媒体编辑人才也更偏娱乐化，无法满足企业的知识营销需求。市场出现人才专业定位模糊以及人才分布不均的现象，传播从业者的不合理培养导致营销岗位技能参差不齐，这种人才供需矛盾是当今企业无法利用知识传播更好地进行市场营销面临的重要问题。

二、知识营销人才重要性

1. 知识营销人才是知识营销成功的根本保证

所以业绩的增长都是人才的发挥，如果没有人才参与，企业任何经营都无法顺利开展下去，人才综合素质水平也是影响企业管理绩效的核心要素。良好的人力资源能够为企业健康发展提供强大保障。通过分析企业经营的重要性，我们不难看出，人才梯队的搭建的重要性知识营销活动中最为突出。其他经营要素都需要通过与人才对资源的发挥和结合，管理好人才资源，才能够实现品牌方知识营销的最终目标，才能顺利达成企业总体经营目标。综上所述，企业管理系统中，人的因素最为重要，所以，越来越多的企业制定管理计划均强调发展"以人为本"经营理念。

企业营销管理工作开展虽然不特殊，但在企业整体管理中影响度较高，特别是中小企业，营销工作直接决定企业是否能够实现市场目标，正是知识营销的重要功能。企业才需要对人才进行科学培养和支持，有助于实现知识营销的战略目标。

但由于企业营销环境是不断变化的，在不同的营销环境下，企业营销管理所面临的问题不同，营销管理活动的内容、手段、方式各异。因而，对完成相应营销管理活动的人才能力也会有不同要求。也就是说，随着企业的营销环境发生变化，企业实现营销战略所需要的人才也不同，企业选择人才的标准也会发生相应的变化。一般情况下，企业会根据自身的战略部署和各项事业发展对各个层次、各种专业、各个岗位的要求,在现有的岗位规范,制定人才选择的基本标准。但是,现有的岗位规范主要是反映过去的经验,未必能够满足和适应企业营销战略对未来的需求。因此,企业在确定知识人才标准时更应以一种发展的眼光看待。

当社会由工业经济时代向知识经济时代变迁时,知识型企业也正成为整个社会微观活动的经济基础,企业的营销管理活动也正由传统的营销方式向知识营销转变。在这一巨大的变革中,知识型企业最需要的是知识营销人才,可以说,知识营销人才就是知识营销成功的根本保证。

2. 知识人才建设必须要重视的四个方面

(1)知识营销人才应具有更高的专业度

作为知识经济时代的重要产物,知识营销能够为经济发展提供强大源动力。推进高科技产业发展,改善科学技术水平,用知识取代资源,这也成为决定经济发展速度的核心要素。如果更多的知识形态生产力进行实体转化和落地,则人类将拥有更强大的自然资源利用能力。所以,对于知识经济时代而言,只有不断提高社会智力资源占有率,才能够解决智力资源转化为生产力,从而促进企业发展的问题。

与传统经济形态进行比较,资源、资本、硬件规模等并不是决定是否实现经济繁荣目标的关键性要素,而是要更为注重有价值信息的累积与成功运用。只要互联网人工智能快速发展,数字化、网络化、智能化的知识经济模式就能够最终实现。

总之,知识经济是以知识为基础的经济,经济发展直接依赖于知识和信息的生产、运用和传播，但知识的载体是人，人才是知识的拥有者和使用者。包括能够认识、发掘知识资源、运用经营行为实现知识价值转换的知识企业家，能够有效负责企业知识开发、利用和管理的知识主管，以及以脑力劳动为主，接受过较多、较高文化教育，具有与知识经济各种"硬件"相对接技能，能够创造、整理、传递和共享知识的知识工作者。正是这些知识型企业家、知识型管理者和知识工作者所形成的知识阶层构成了企业的主体。如果缺少这些知识型人才，企业的航船就会在知识经济的汪洋中寸步难行。营销是知识企业的一个重要职能部门，是影响知识企业市场份额和竞争优势的关键因素。因此，知识企业的营销人员当然也应是高素质的知识营销人才，才能担当知识企业的营销重任。

（2）知识营销对现代企业组织有变革作用

作为依靠知识资本的积累、信息的运用来创造和满足消费需求的营销管理活动方式，知识营销与传统的营销活动有很大的不同。知识营销以创造需求为先导，强调通过高新技术的运用和知识的吸收及转化，生产出科技含量和知识密集程度高的产品，再通过知识营销人员向消费者传播产品的科普知识，向消费者进行产品推介，以知识推动消费，培养、创造出新的市场，使潜在的市场变成现实的市场。

如果从知识营销内容方面分析，产品生产、销售、服务等环节，营销人员专业知识的储备都十分重要。其不仅要了解与生产、设计、制造相关内容，更多的是要接触新科技、新技术，并将其有效应用到产品分销等环节；掌握专业管理方式只是基础，还要尽快进行企业产品相关知识的科普宣传，更好地提供个性化用户服务，并满足消费者教育需求。综上所述，知识营销更像是专业营销或智慧营销，不仅对销售人员要求较高，而且只有知识型人才能够真正满足岗位工作要求，帮助企业创造价值条件下，更快实现发展目标。

（3）知识营销战略管理模式影响作用较大

知识营销的战略管理模式需要和企业传统的营销方式相结合，而且高层管理人员需要对员工工作积极性进行有效调动，包括营销战略系统建设也十分关键。简单理解即是，开展知识营销活动，全体人员都要参与营销战略和实施的过程，将自身影响力全面体现出来。

但这种知识营销战略管理模式，对知识企业的营销人员有更高的要求，要求他们必须受过良好的教育，有较高的素质，是优秀的知识营销人才，这样才能在知识营销战略管理中发挥更大的作用。否则，即使企业高层管理者向员工放权，员工也难以对外部环境变化迅速做出准确反应；相反，倒有可能引发更大的混乱。

（4）工作环境和氛围对知识人才发挥有重要影响

进入知识经济时代后，企业营销机构开始逐步带有柔性化特征，整个组织系统也更为精细，在组织层次得到全面压缩后，团队工作开始占据主流地位，组织中任何角色岗位都会有所改变，并不断为企业输送知识营销人才。

自从ChatGPT出现，对于营销组织而言，很多机械性的工作数量会持续降低，大部分工作是需要激发灵感的创作活动，而且只有知识工作者才能够完成任务。他们能进行新知识创造，在容易变化以及不完全确定的体系中应对新的状况，并提出如何更好解决问题的方案。

另一方面，知识营销管理离不开团队支持。如果企业内部拥有的知识营销人才数量有限，企业想要开展知识营销创新工作难度会很大。究其主要原因，整个营销团队不能依靠知识工作者个人进行价值创造，而且在打破组织界限条件下，必须掌握更多有价值的综合性信息，才能够更为彻底、更为高效地解决问题。虽然很多知识工作者拥有较强的自身能力，且工作效率良好，但是依然达不到团队作战效果。大部分人才都渴望与其他同频的人才共事，如果只是拥有少量人才，没有良好的工作氛围，工作成效也会明显下降。

知识营销人才选择和任用

知识营销人才在营销工作中十分重要，关系着企业能否完成营销任务，能否实现营销价值。那怎样的知识营销人才才算是人才呢？怎么去把握这个标准？企业最终要给出标准才能确定人才培养的方向，从而选拔出符合企业发展需要的知识营销人才，保证企业的知识营销工作能够圆满完成。

知识营销人才是知识经济时代发展的需要。知识经济的本质决定了知识营销人才应具有前时代的知识储备并在层次的保有和提升能力。同时，从企业的人才结构来看，需要提升具有较高知识储备的营销人才的比例，这样才能满足企业在知识经济时代发展的需要。从知识储备的维度来看，营销人员基本能力主要包括文化、技术、知识和身体素质，知识经济时代对人才的体质健康同工业时代的标准没有差异，比上个世代差别较大的应是知识人才具备的知识结构。

一、知识营销人才应具备的基本素质

由于知识型企业所处的行业不同、内部人才组织结构不同，具体的企业对于知识营销人才应具备的技术知识要求也有较大的差异。但一般而言，知识营销人才应具备以下素质：

1. 需要丰富的高新技术知识

精通与产品开发、生产制造有关的科技知识，熟练掌握移动互联网、短视频等先进社交平台方面的知识。

2. 需要丰富的管理知识

懂得市场营销学、企业管理、组织行为学、传播沟通学、管理心理学等方面的知识。知识营销人才由于职位、工作岗位的不同，他们对这两方面的知识掌握程度会有所不同。因此，可将知识营销人才简单地分为技术型和管理型，以后人才发展的趋势是二者逐渐融合为一体，知识营销人才最终的职业发展路径是从知识型业务主管到知识型创业者，甚至是知识型企业家。

3. 需要与特定岗位工作相关的其他知识

如从事营销管理人员应了解企业、产品、市场、客户、法律等方面的知识，要掌握最新的网络营销手段和方式的运用等方面的知识，以便更好地提高其工作业绩。

二、知识营销人才应该具备的专业能力

虽然知识工作者虽然具有合理的知识结构，但如果缺乏运用这些知识进行输出和传播的落地能力，仍然不能有效圆满完成知识营销岗位工作。为适应知识营销工作特点需要，知识营销岗位还必须具备以下专业能力：

1. 知识营销人员终身学习能力

知识营销人员的管理要被重视起来，良好的制度管人，就能掌握好现有资源，管人要在企业管理中放在首位。要紧跟时代脉搏，不断学习进步，不被社会淘汰。

知识营销管理要"以人为本"，主要的原因在于在营销过程中的各个环节都是营销人员自己处理完成的。从另外一个角度分析，知识营销人员如何运用自身的能力和知识，这两个问题尤其重要，而知识营销人员拥有的知识水平和对这种知识的运用能力，都决定了知识营销管理的成败。

知识营销人员要有不断学习的能力和习惯，积极创新提高自信心；以企业的角度进行分析，企业需要紧跟时代的步伐，内部结构要不断优化，为创新发展营造良好的氛围，对于组织结构、制度规范以及企业文化要有直观的创新理念，主要内容包括：组织方式灵活，组织机构高效，必要的学习和实践机会，这有助于知识营销人员提高积极性。奖惩机制完善，崇尚协作精神的文化氛围，追求科学，勇于探索和创新，等等。

2.全员营销意识的贯彻

企业的营销活动主要分为两个方向：实现顾客价值（以往的企业管理没有受到重视）和创造知识价值。很明显，以上这两个价值的实现，并不是单纯靠营销部门就能完成的，这需要企业多部门相互配合才能够实现，这就要打破旧观念，从职能向意识进行转变，也就是说企业的所有员工都要了解详细的信息动态，高效的信息沟通，达到企业和顾客价值意识形成的目的。德鲁克认为："营销活动作为行事方式并不是最应关注的，营销能够帮助企业实现企业和顾客的价值意识才是最重要的。"所以说，营销不单单是一个部门的工作，实际上，企业的所有部门要共同参与。事实表明，企业经营的每一个环节，都是相关联的，企业的所有环节组合成一个链条，为实现顾客和企业价值贡献力量。知识营销作为润滑剂，是企业在生产和经营、各部门之间沟通的桥梁。

3.树立以顾客利益为中心的营销观念

通过上述内容总结出，顾客价值的实现和企业价值的实现是有关联的，两者是不矛盾的，而顾客的价值实现尤为重要，这决定了企业价值能否实现，企业只有重视顾客价值，才能使企业得到顾客的信任，才能在激烈的市场竞争环境中生存下去，为企业创造更大的利益。

知识经济时代，营销环境瞬息万变，管理者对于信息的掌握程度尤为关键，掌握了正确的信息，就能做出正确的选择，然而，很多信息都很分散，很难进行捕捉，知识营销人员对市场了解程度更深，他们对市场的环境更加的熟悉，接触更加频繁，他们的信息比决策者更加准确。所以，在职权范围内能做出正确的决策，充分发挥自身的营销能力。

4. 创造充分的信息交流渠道和环境

唯有搭建完善的信息交流平台，才能将产品企业的生产经营以及市场知识串联起来，实现企业上下统一，高效运行。

知识营销管理中心思想就是要有强硬的质量体系，以往只重视"量"的时代已经过去，也不再是过去控制成本和提高效率那么简单，而是从积极开拓新合作模式，提高客户黏性入手；以往的营销人员只是对产品进行推销以及后续的产品服务，现如今销售人员化身咨询顾问，不只是对产品进行介绍推销，而是站在消费者的角度去分析产品，使消费者对产品更加了解。营销人员要适应市场需求，时刻保持学习的心态，在信息化高速发展的时代，要时刻保持兴奋，掌握市场发展趋势，能够吸收新的营销观念以及营销策略，敏锐发现消费者的行为新变化，并洞察到市场新机会。

5. 知识为核心的营销理念和营销过程相结合

怎样才能实现顾客的价值呢？最为高效的方式就是在消费者消费的时候将产品知识传播出去，进而影响他们的消费观，让其更加了解企业的产品知识，调动他们对于消费的渴望，使他们对产品的印象加深，对产品的技术特点，以及产品的未来发展形势有一个充分的了解，改变他们的生活方式以及消费意愿。

三、知识营销人才的岗位职责和发展路径

一般来说，企业提供的岗位和针对运营的平台不同，其知识营销

岗位职责要求随之不同。为了清楚地界定不同岗位的职责要求，我们统计了以下几类岗位的职责。

1. 新媒体内容运营（偏文案输出）

（1）工作职责

①负责旗下营销类新媒体运营工作；

②配合相关内容，负责微博、微信账号的选题策划及内容产出；

③根据营销内容，策划能够维持粉丝活跃度的相关话题互动等；

④关注新媒体发展趋势，优化创意，探索多种传播形式。

（2）岗位要求

①本科及以上学历，1年以上新媒体运营经验；

②有一定的文字功底，有较高的热点敏锐度和选题策划能力；

③逻辑清晰，思维敏捷，有责任感；

（3）媒体运营（偏文案策划）的主要工作内容

是在公众号、微博、小红书、知乎等渠道以文章、短文案形式稳定地输出内容，结合时效热点，策划活动，实现粉丝增长、品牌营销等系列操作。

（4）核心能力

①硬技能：熟练使用主流新媒体运营工具、文案能力、网感好、数据分析能力

②软技能：用户洞察力、执行力、沟通力

（5）职业发展路径

新媒体运营专员——新媒体运营经理——新媒体运营总监/专家

在这里强调下网感，所谓网感就是对互联网热点及新鲜事物的敏感度，分为两种：能快速知道已经火的热点，或者能预测到哪些事件或内容即将要火。

热点通常分为两种：一种是可预测的，另一种就是不可预测的。前者只需要你自己在网上按照时间线整理在表格，基本能保证不会错过，如今年即将上映的影视、综艺作品、重大节日等。后者就需要自己有丰富的热点渠道，快速获取热点信息，常见的有微博热搜、新闻客户端榜单、百度搜索风云榜、新榜等，如果还有能有一些小道消息的渠道就更好。

至于预测热点的能力，并没有捷径，需要自己长期思考和积累，多点分析这些热点为什么传播起来了，传播的路径和节奏是怎样的，哪个因素是个引爆点。

2. 短视频运营

（1）工作职责

①0-1打造全新IP账号，独立策划和产出短视频内容；

②负责短视频创意策划、脚本制作、视频拍摄剪辑和发布等工作；

③把控整个创作流程，制作出符合抖音审美、有网感的短视频内容；

④通过数据分析制定运营策略，快速提升视频质量和数量，对数据和目标结果负责。

（2）岗位要求

①热爱短视频创作；

②具有较强的策划分析能力、文字撰写能力、视频拍摄能力；

③有成功运营短视频账号经验，创作过有传播量的作品；

④熟悉网络视频的语言风格，有脑洞，有创意，善于抓住热点；

⑤熟悉抖音短视频的日常运营和热门推荐规则；

⑥了解MCN达人领域，具有达人资源，熟知达人账号打造策略。

通过分析岗位JD，可以发现短视频运营主要工作就是负责短视频内容策划，脚本设计、视频拍摄，有些岗位可能还需要自己动手参与视频后期的剪辑处理，然后在短视频平台发布，实现内容传播及粉丝增长。

（3）核心能力

①硬技能：视频拍摄、剪辑工具、了解市面主流玩法、网感好

②软技能：用户洞察力、思维活跃、有创意、好奇心强

（4）成长路径：

短视频运营专员——短视频运营经理——短视频运营总监/专家

3.UGC内容运营

（1）工作职责

①负责社区内容策划，对内容流量、粉丝量增长和互动率负责；

②负责对接外部平台,进行社区内容的运营和KOL的组织和维护，有KOL/KOC/内容平台保持互动沟通，撬动内容产出，辅助内容生态搭建；

③根据业务需求进行社区内容策划引发用户互动，实现用户增长。

（2）岗位要求

①善于发现热点并挖掘引导热门话题，善于与用户互动；

②热爱本专业人士优先；

③具备独力生产高质量视频，图文内容能力；

④具备较高的社区内容鉴赏、评估能力，对主流的短视频、流行创意传播内容、品牌创意内容等有充分认识和理解；

UGC内容运营主要工作内容大概是，通过一系列手段，如话题或有趣的玩法，刺激普通用户产出内容，同时建立分层激励机制，重点维护好头部用户，保证他们持续产出优质内容。垂直社区、短视频产品比较多相关岗位。

（3）核心能力

①硬技能：内容感知能力、网感、活动策划能力、KOL运营、数据分析能力

②软技能：用户洞察力、思维活跃、沟通协调力、好奇心

这里的内容感知能力是指你对优质内容的敏感度，也许你不负责生产内容，但你知道什么内容是优质内容，应该怎么发酵，怎么联动用户、作者生产，如何传播等，能有自己的思考。

（4）成长路径

内容运营专员——内容运营经理——内容运营总监/专家

4. 内容策略运营（推荐方向）

（1）工作职责

①对用户短视频消费行为进行分析，寻找在内容建设方向和推荐策略算法方向的优化空间；

②理解待定场景下的内容供需关系，从生态最优角度提出监控、调优方案并落地实施；

③根据业务场景需要，配合算法研发，完成不同推荐策略的效果验证和持续优化；

④完善业务核心数据指标监控，从数据中找到问题点并确立优化方向，建立精细化运营体系。

（2）岗位要求

①本科及以上学历，3年以上互联网内容运营经验，视频、媒体、资讯、音乐领域均可，熟悉内容型社区产品者优先；

②具有较强的用户理解和内容理解能力，对内容有深刻的见解。

③具有扎实的数据分析能力，良好的项目管理意识，善于从数据中挖掘价值并转化为业务目标。

④逻辑缜密，表达清晰，具备独立负责跨部门跨团队项目推动的能力。

这个方向的岗位有点复杂，大概就是通过持续的数据分析，以功能、技术、机制等手段，针对不同用户不同场景设计个性化的推荐策略，提高内容推荐精准度。因此它的能力要求也是比较高的。

（3）核心能力

①硬技能：技术理解能力（计算机、统计学、数学背景）、数据分析工具掌握（SQL、Python）、很强的数据分析能力、用户研究、内容感知力

②软技能：用户洞察力、沟通协调能力、极强的逻辑思维、学习力

（4）成长路径

内容运营（偏向UGC）——内容策略运营（推荐方向）——内容策略运营总监/产品经理

一般是拥有日活千万级以上产品的独角兽、大型公司才需要增设此岗位，数量不多，如果小白有这个机会入门，而且沉淀得好的话，跳其他大厂机会比较大的，小厂基本没有这种岗位。

5. 内容策略运营（安全方向）

（1）工作职责

①负责具体业务的内容审核、策略的评估分析、审核标准的制定与拉通；

②负责监控审核数据，分析存在和潜在的审核安全漏洞，制定内容安全策略和优化方案（尤其是机器审核策略），并针对机器审核策略进行落地，提升应用效果；

③统筹或参与相关的安全运营项目，与产品、研发、人工审核团队进行合作沟通，推动项目的进行。

（2）岗位要求

①全日制本科及以上学历，数学、计算机等相关专业或有内容安全策略相关经验者优先；

②能较好理解审核业务需求及风控要点，具有良好的内容安全的意识和经验；

③自驱力和抗压性强，逻辑条理清晰且严谨，有较强的数据分析能力；

④具备良好的项目管理能力和沟通推动能力，有产品策略和风控策略相关工作经验。

（3）核心能力

①硬技能：熟悉内容风险监控要求和法律政策、问题识别能力、数据分析能力、热点敏感度

②软技能：抗压力强、执行力、沟通协调力、逻辑分析能力

（4）成长路径

内容审核/内容运营/内容安全策略专员——内容安全运营经理——内容安全运营专家

一般是拥有日活千万级以上产品的独角兽、大型公司才需要增设此岗位，数量不多，这种岗位水平层次比较多，沉淀得好的，就可以往策略方向走，但如果一直都是做很入门的审核工作，天花板就肉眼可见了。

（5）核心能力

①硬技能：网感、较强的文案能力、内容感知能力、数据分析能力，通俗一点就是能快速发现热点，预测热点，同时文案能力要过硬，但不同方向对文案的要求不一样，另外也需要自己具备对内容的敏感度，什么是优质的，什么是低质的，都有一套可行的判断准则。

②软技能：学习力、逻辑分析能力、沟通表达力、用户洞察力，其实这些都是比较底层的能力了，其实不管哪个互联网业务岗都要具备。底层能力越强，你对事物的认知越深刻，更快上手业务，有更好的产出。

四、知识营销岗位的 OKR 示范

OKR（Objectives and Key Results），指的是"目标和关键结果"，OKR 是一种目标管理的工具、也是内部激励、沟通和创新的工具。其中，O 就是目标（Objectives），代表了我希望达成什么，也就是解决"是

什么"的问题,它是方向;KR 是关键成果(Key Results),代表了我如何保证目标的实现以及衡量标准,也就是"怎么做"的问题。

1.OKR 工作法对于知识营销的价值

(1)聚焦于共同目标

知识营销,经常会被贴上"不接地气"也就是不够了解业务的标签。并不是说通过多看产品资料或者多跟客户沟通就能去掉标签,这背后的真正的意义其实是指市场部没有融入公司的大目标中去,没有站在共同业务目标的视角去思考该做什么。OKR 的目标制定环节,就会让知识营销人员思考,"如果要实现更大的公司目标,我的模块当下最好聚焦于什么?"正确的着力点,才是产生价值的开始。

(2)更科学的衡量产出

销售部门有合同金额这样一致性的指标,知识营销如果每个模块都以 MQL 数量来评估产出的话,那像品牌、内容营销这些重要模块是做不好的。在 OKR 的关键结果拟定中,只要做好这件事情是达成目标最关键的要素,那么就可以拿来评估,这样就很好解决市场部不宜通过单一指标来衡量的问题。比如,某个 KR 可以是"试水多个平台的新媒体,至少有一个平台粉丝数在行业能达到第一的水平。"

(3)利于探索新机遇

营销环境的变化越来越快,面对新的技术、新的渠道和流量玩法,我们往往会陷入繁重的固定指标中而不愿意去尝试,眼睁睁地看着一些行业伙伴敢于尝试从而攫取一波新的红利。我们可以通过 OKR 的讨论与管理层对新兴领域达成一致的看法,并把它纳入能为公司产生远期价值的目标中,正如第二条,OKR 的管理方式与探索型的项目尝试简直是天生一对。

(4)利于团队协作和提升效率

在传统的管理方法中,别说其他部门,就连部门内部成员之间对于彼此的目标和进展也是一头雾水。信息的隔阂让我们在沟通中效率低下。OKR 公开透明的特性,让你连老板的 OKR 是什么都可以很清楚。彼此共同目标是什么,正在做什么,进度如何,只有当这些信息变得显而易见的时候,协作效率才有可能得到提升。

(5)形成内驱的创新文化

当部门负责人成为每个模块的专业天花板的时候,那这样的团队天花板是显而易见的。长期驱动团队不断向前的一定是文化本身。OKR 背后自下而上的创新、用鼓励代替打压的文化理念,正是孕育学习型组织的优良土壤。

(6)更能客观体现部门价值

OKR 是一套关于目标沟通、管理过程、合理评价与形成组织文化的科学方法,也是打造高绩效文化最有力的手段,相信没有一个理性的 CEO 会否认这套方法带来的绩效能力和长远价值。

2. 知识营销 OKR 制定

公司、团队和个人三个层面的 OKR 计划,下面笔者介绍这三个层面如何制定 OKR。

(1)公司层面的 OKR 模板:

O:

到 2022 年成为目标市场中的第一名

KR：

①品牌感知价值在最接近的竞争者的 0.7 个基点之上

②至少有 8 个来自财富 500 强企业的买家推荐我们的产品

③在 SMB 领域的品牌知名度从 64% 增加至 80%

（2）团队层面的 OKR 模板

O1：

成为独立运行的目标管理系统的第一名

KR：

①每个月 MQL 的数量增加 1500

②每季度营收的复合年增长率为 42%

③市场扩大 35%

O2：

到 2021 年第四季度，市场扩大 35%

KR：

①第二大经销商网络在 2021-2022 年第二季度每个月扩大 15%

②在 5 个主要产品中投票选择成为最受欢迎的产品。

O3：

2021-2022 年品牌认可度提高 35%

KR：

①产品每个月得到 10 个行业用户的好评

② 2022 年十届贸易展会的参观人数前三名

O4：

2021-2022 年网站互动率增长 70%

KR：

①每天页面浏览量达到 75000+

②在网站上，平均每段会话时间超过 2 分钟 30 秒

（3）个人层面的 OKR 模板

O1：

丰富抖音内容并每周生成 20% 的潜在客户

KR：

①通过公众号收获 15% 的官网流量

②通过 H5 裂变收集到的线索，20% 的线索安排产品演示

③平均每月抖音的点赞比例从 5% 增加到 8%

O2：

为品牌关键字优化推荐排名

KR：

①每个关键字显示在网站第一页

②每个月收到 15 条站外链接

③通过自然搜索网站获得 75% 的流量

O3：

提高网站的运行效率

KR：

①页面加载提速 70%

②不同页面之间的导航链接增加两倍

③在登录页面增加 20% 的转化

O4：

在 2021-2022 年第四季度企业微信营销力度提高 35%

KR：

①产品演示的请求数量增加 30%

②试用版的需求数量增加 20%

③每月网站流量增加 35%

O5：

每周进行两次调查获取用户意见

KR：

①每次调查平均有 15，000+ 的潜在客户参与

② 35% 的现有客户参与调查并且需要获得 85% 的积极反馈

③ 15% 的潜在客户访问官网查看产品特性

3. 对于成功实践的三点建议

OKR 作为一种新的管理方式，通过透明沟通形成共识、共享，让大家更加聚焦目标，形成共振。最后，对于成功实践的三点建议：

（1）作为管理者需要深度学习 OKR 本身，在学习上需要下大功夫。

（2）在实践中应该深入细节，去听取体系中不同视角的建议，从而思考真正适合的方法，而不是盲目的照搬。

（3）OKR 的文化要从自我做起，OKR 的推行本身也是管理者自我的一项修炼。

知识营销人才的培养和激励

知识营销人才缺口很大,这也是限制我国企业发展知识营销活动的最大障碍。在各大品牌中,现阶段的营销人员素质都各不相同,有高有低。团队知识营销意识差,不具备创新能力,文化水平低,导致企业的知识储备不足。如果出现以上问题,品牌和企业不能及时进行调整,那就很难跟上时代的步伐,错过知识经济这条高速路,在市场竞争中失去优势,企业就会被时代淘汰。所以,企业要培养知识营销人才,人力资源部门要制定培养计划、选拔计划,调整人力资源结构,担负起责任,为企业发展培养知识营销专业人才。

一、知识营销人才的选拔

1. 选拔的标准

知识营销人才的选拔要根据企业发展的实际需要，从企业发展以及营销战略的角度进行考虑。依据知识企业的营销规划以及行业类别，进而确定所需人才的专业、层次、岗位的数量等信息，最后结合现有人才情况和岗位需求，确定选拔哪些人才。只是依据企业的发展要求以及岗位规范选择人才，也不是最好的方式。现有的岗位规范比较陈旧，如果按照这种规范选拔人才，可以满足现有需求，但难以为后续的创新发展储备人才，所以，企业在选拔人才时要将眼光看得更长远，为企业的未来发展助力。

在选拔中对拟选人员的能力要进行综合考察，要采用合理的考察技巧，考核拟选用人才的综合能力。由于人的能力因素往往是隐含的，精神熟练能力最容易被忽视，其他人想要了解这方面的能力在短时间内很难察觉，所以在此过程中，要综合运用科学的考核方法进行考核，使选拔人才的准确性提高。之前详细介绍了保有能力以及发挥能力，在这里就不做过多的介绍，然而，每个企业情况都各不相同，企业本身也要根据实际情况选拔需要的知识营销人才。

2. 选拔的途径

（1）内部招聘

简单理解即是从企业内部进行人才选拔。通常情况下，由于用人不科学，很难将人才效用全面体现出来。参照岗位用工要求，选择的员工在自身能力方面与其严重不符，即无法在岗位工作开展阶段，将自身能力完全显示出来；或工作环境与自身素质不一致，这也是影响员工能力发挥的核心要素。虽然这些人才达到了企业制定的营销人才选拔要求，但是由于不适合对应岗位，依然不能体现自身价值，只有解决该问题，才能够真正达到人才尽用的目的。

但内部招聘渠道也具备以下几方面优势：对人才了解程度更高，而且其更为熟悉企业的产品以及发展方向等，所以，在后续人才培训方面可以节约大量资源，进而雇佣成本也将得到有效控制。开展内部人才选拔活动，在了解之前工作成绩条件下，技能以及优势、劣势评估工作开展并不会存在严重阻碍。而这些因素也会直接决定人才在走向工作岗位后，能否顺利完成工作内容。需要强调的是，内部招聘渠道也存在众多不足之处，例如，刚刚进入到全新的工作岗位，其需要承担的工作内容、工作责任都会发生巨大改变，对其而言，虽然企业没变，工作环境也是固定的，但是会存在很明显的陌生感，因此，胜任岗位工作也需要一个较长的过程。不仅如此，开展内部招聘工作，最大的阻碍即是如何消除员工心中的顾虑，避免其产生不公平待遇的想法，否则将对企业人力资源管理工作开展造成重创。

（2）外部招聘

人才市场往往是企业开展外部招聘活动的主要渠道。从外部进行人才招聘，也属于企业最为有效的人才吸引方式。如果企业目前正处于不断上升期，一定需要持续从外部进行人才资源的获取。外部招聘即是通过供需双方配置的调整，达到人力资源体系平衡发展目的。所以，企业想要吸纳高素质的知识营销人才，一定要提供具备有吸引力的招聘条件。通常情况下，知识营销人才的吸引力包括三个层次，分别为薪酬待遇、企业吸引力以及个人展示平台。企业想要持续发展，离不开高水平的知识营销人才的支持，对于知识营销人才，有良好的个人展示是更具吸引力的招聘条件。

通过调查能够看出，不同企业选择的知识营销人才选拔渠道也会存在很大差异。举例说明，太平洋电气公司，自身业务领域以公共事业为主，大部分员工的任职周期较长，所以，在产生岗位需求条件下，会优先选择内部招聘渠道。相反，SGI公司，主营业务集中在高科技领域，所以单纯依靠内部员工很难满足产品创新要求，反而招聘知识营销人才，会以外部招聘渠道为主。

（3）互联网营销师资格考试

2021年12月2日，人社部、中央网信办、国家广播电视总局共同发布了互联网营销师国家职业技能标准。职业技能标准中也对学历提出了要求，互联网营销师要求初中毕业（或相当文化程度），共设五个等级，分别为：五级／初级工、四级／中级工、三级／高级工、二级／技师、一级／高级技师。互联网营销师未来人才需要缺口达4000万，市场潜力大，直播经济的新型经济，要搭知识营销红利的顺风车，互联网营销师职业资格证书就是敲门砖。

二、互联网营销师资格考试的必要性

1. 互联网技术发展，催生了多样化的创业就业模式

中国互联网覆盖用户 10 亿以上，互联网营销从业人员数量以每月 8.8% 的速度快速增长，大量小微企业和个人微商、自媒体在网络上创业，直接带来的成交额达千亿元。

2. 因为疫情影响，外贸订单减少，中国旅游业、餐饮业受到一定打击

工厂生产出来的商品，振兴乡村的农副产品目前销售是大问题，无论各行各业必须有人从事网络营销，把产品和农副销售出去，以稳定生产活动，减少失业率，带动经济发展。

3. 互联网直播及营销的规范性与合法性

由国家统一考证和认证，可以明确网销人员哪些事情是不能做的，哪些广告词触犯广告法，是不建议用的，让网络营销行业更规范。

4. 互联网营销也给客户带来了直观、愉悦的购买体验

这些在数字化信息平台上，运用网络的交互性与传播公信力，对企业产品进行多平台营销推广和直播的销售员，已受到广大企业和消费者青睐、认可。

三、如何报考互联网营销师

1. 互联网营销师职业的定义

在数字化信息平台上，运用网络的交互性与传播公信力，对企业产品进行营销推广的人员。

2. 互联网营销师职业分类

从目前的工种来看一共分为四个：选品员、直播销售员、视频创推员和平台管理员。前三个工种分为五个等级，最后一个平台管理员，只有三个等级。

选品员 直播销售员 视频创推员		平台管理员等级	
一级	高级技师	三级	高级工
二级	技师	四级	中级工
三级	高级工	五级	初级工
四级	中级工		
五级	初级工		

3. 对于互联网营销师的文化程度的要求

初中毕业（或相当文化程度）。门槛相对较低，广大的劳动人民都有机会从事相关工作。

4. 职业要求

要求里面，对于五级到一级相关的内容，官方写得非常详细，这里不一一列举了。对于完全没有从事过相关行业工作的人员来说，确实还是有一定的门槛的。想要成为从事互联网营销相关的人才，可以从以下方面多去着手学习。

5. 考取条件

从第四级开始，具备以下条件之一者，可申报四级/中级工：

（1）取得本职业或相关职业五级/初级工职业资格证书（技能等级证书）后，累计从事本职业或相关职业工作3年（含）以上；

（2）累计从事本职业或相关职业工作4年（含）以上；

（3）累计从事本职业或相关职业工作2年（含）以上，经本职业四级/中级工正规培训达规定标准学时，并取得结业证书；

（4）取得技工学校本专业或相关专业毕业证书（含尚未取得毕业证书的在校应届毕业生）；或取得经评估论证、以中级技能为培养目标的中等及以上职业学校本专业或相关专业毕业证书（含尚未取得毕业证书的在校应届毕业生）。

从三级开始，就要求必须先考取四级的证书了。具备以下条件之一者，可申报三级/高级工：

（1）取得本职业或相关职业四级/中级工职业资格证书（技能等级证书）后，累计从事本职业或相关职业工作3年（含）以上，经本职业三级/高级工正规培训达规定标准学时，并取得结业证书；

（2）取得本职业或相关职业四级/中级工职业资格证书（技能等

级证书）后，累计从事本职业或相关职业工作4年（含）以上；

（3）取得本职业或相关职业四级/中级工职业资格证书（技能等级证书），并具有高级技工学校、技师学院毕业证书（含尚未取得毕业证书的在校应届毕业生）；或取得本职业或相关职业四级/中级工职业资格证书（技能等级证书），具有经评估论证、以高级技能为培养目标的高等职业学校本专业或相关专业毕业证书（含尚未取得毕业证书的在校应届毕业生）；

（4）具有大专及以上本专业或相关专业毕业证书，并取得本职业或相关职业四级/中级工职业资格证书（技能等级证书）后，累计从事本职业或相关职业工作2年（含）以上。

四、知识营销人才的激励

知识企业的人力资源管理部门仅仅把知识营销人才选拔到相应岗位上是不够的，更重要的是如何激励知识营销人才，调动他们的工作积极性，使他们把自身的潜力充分发挥出来。这就需要设计合理的薪酬制度。如果建立了有效的薪酬制度，知识营销组织就会进入从期望到创新的正循环；而如果薪酬制度不利，则导致营销人才的心灰意冷。

通常情况下，企业可以通过忠诚度培养以及提高绩效的方式，有效进行员工激励。其中，内在报酬与外在报酬影响作用最为明显。外在报酬方式包括岗位晋升、福利以及津贴发放等；内在报酬即是帮助员工拥有更强大的工作责任感与成就感，包括使其在工作中拥有更高的企业价值贡献结果。以上两种激励因素对应企业不同，激励效果也会存在较大差异，而其在知识营销人才领域的应用也必定如此。

1. 外在报酬

外在报酬就是用金钱财富刺激员工为企业努力工作。工资是一种主要形式。不过，知识企业的人力资源管理部门需要认识到的是，薪水对知识营销人才的激励作用是十分有限的。知识营销人才是知识丰富、能力全面的优秀人才，由于他们所具有的卓越的能力，他们是不会为基本生活保障担忧的，他们已有物质基础，基本保障不能激励他们。知识营销人才更注重挑战、更重视事业的发展而不是金钱。企业即使把最好的待遇都给他们，也未必能吸引或留住他们。在英特尔、惠普那样的公司中，知识工作者的职位每6个月更换一次，这不仅是因为产品在更新换代，而且因为知识工作者本身需要这样。金钱对于他们来说是微不足道的。同样，晋升、福利、津贴、资金对知识营销人才的激励也是极其微弱的。

相比而言，风险付酬形式的激励作用要更大些。因为基本工资会助长"大锅饭"的倾向，如果工作绩效和基本工资完全无关，知识营销人才也就没有努力的动力。风险付酬通过制定一些能使企业和知识营销人才获得利润的量化的目标，以此来衡量每个知识营销人才所做的贡献。通过工作绩效和报酬挂钩，使知识营销人才面临一定的压力和挑战，承担一定的风险，激励他们为企业也为自己创造更大的利润。不过，在使用风险付酬时，要注意的是以个人绩效、团队绩效还是企业绩效作为考核标准。

2. 内在报酬

内在报酬是指来自任务本身的报酬，如成就感、影响力、胜任感及一项工作圆满结束之后的自我祝贺。人力资源管理理论认为，当个人被赋与管理与控制其工作的自由时，内在激励就出现了。而如果组织将人与其他外在的报酬与绩效紧密相连，这种内在激励的作用就有可能被削弱。因为管理者在根据员工绩效判断是否应付给报酬的同时，也在发出这样的信息：是他们而不是员工在掌管一切，员工的责任感与自主感也因此而降低。

知识营销人才从事知识营销管理和创新工作，工作自主性大，工作内容丰富，富有挑战性。因而，对于知识营销人才而言，工作过程本身和个人在其中的成就就是最好的内在报酬。

对于内在激励，主要由个体成长、工作自主性和业务成就三个激励因素构成。加上外在报酬即金钱财富，激励因素为4个方面，并就此对知识工作者进行问卷调查，以了解在知识工作者看来这4种激历因素的优先次序。和前面的分析相一致，被调查者对物质奖励的重要性看得很低，这部分原因是因为调查者的工资收入较高。如果与个人的业绩相联系，潜在的收入增长不是十分显著的话，金钱作为一种激励因素的边际效用值已经不大。一旦薪资报酬已经满足了知识工作者的需要，就应该选择另外的3种因素来激励他们。

企业人力资源管理部门只有了解知识营销人才所处的事业发展阶段，并且能合理地应用一套能够满足其激励要求的管理模式，才有可能获得实质性的效果。另外，营造一个让知识营销人才能够得到他们所偏好的激励因素及报酬的工作环境也是非常重要的,因为良好的工作环境能够促进知识营销人才事业的发展。

在工作中主要有两组因素在起作用:第一组因素为环境因素,它包括企业政策、监管施行、报酬计划和工作条件等;第二组因素为激励因素,它包括认知、绩效、责任心、进步、个人的成长和能力等。虽然单独地改变环境因素并不能激励员工,但是员工认为这些因素很重要。所以,任何激励员工的设计必须尽量减少员工对环境因素的不满。只有当这些条件被满足时,向员工提供激励因素,才能真正鼓励员工努力工作。

考察现在的知识型企业,我们发现目前能够满足知识营销人才必要激励的工作环境很少。反而,以下几种负面现象比比皆是,企业管理者对员工忙忙碌碌工作的赞赏程度超过对工作所取得的成果的赞赏程度;常造成知识营销人才忙碌工作,匆忙行动,而没有足够的时间对某些想法进行完善和测试;知识营销人才创造是自由的但缺乏实际操作的自主性,可以创造性地进行思考,却无法调动组织的资源去实现他们的想法;企业缺乏很强的合作文化,官僚主义严重,凡事要按章办理;知识营销人才缺乏提升的机会,企业用金钱财富取代事业机会以及其他内在激励因素等。目前很多企业现行的管理显规则和潜规则都不能给知识营销人才提供成长和激励的环境。由此也反证了什么才是知识营销人才更有效率的工作环境。

五、知识营销人才的培训

企业聘用优秀的知识营销人才后，还应对他们进行培训和开发。这可帮助企业留住人才，并能不断地激励他们。企业对知识营销人才进行培训，是为了更好地提高他们的素质，为企业赢得竞争优势。因为通过培训，一方面，可以培养知识营销人才尚未具备的知识和能力，以让他更加有效地完成工作和任务；另一方面，适应外部环境变化的需要。由于在知识经济时代，生产力、技术、竞争等情况变化快速，企业必须对知识营销人才进行培训，以使他们不断地补充新的知识和技能，更好地适应社会发展的需要。

进入知识经济时代后，与工业经济时代进行比较，企业所产生的知识营销人才需求也会有所改变，其中，表现最为明显的即是知识营销人才不能完全依靠企业进行培训。主要原因即是，对于知识营销人才而言，人才自身带有明显的自觉性以及自主性特征，而且满足自我管理工作要求。大部分情况下，其需要通过持续学习满足自身发展要求。随着科学技术水平的不断提升，经济飞速进步，知识实效性以及覆盖区域都是持续扩大，所谓"学无止境"，只有持续进行知识体系更新，才能够避免被社会淘汰。用罗斯（美国福特公司技术人员）的话来说，知识就像是牛奶，任何情况下，它都是存在保质期的。根据知识迭代规律，应用型知识三年就隔了一代，意味着必须迭代。

如果不能定期进行知识更新，那就只能酸掉、坏掉，再无任何价值。从另一个方面来看，知识营销人才充分了解自身知识体系的不足之处，并通过技能培训方式，使自身能力得到提升。这些往往被企业管理机构所忽略。一味开展企业内部培训活动，针对性不足，最终导致资源以及时间被严重浪费。知识营销人才更懂得如何提高自身技能水平，并设定科学的培训计划以及学习方案。只是需要注意的是，知识营销人才自主参与培训，并不是强调人力资源部门不需要参与其中，而是要为相关人才提供更多的选择机会与选择空间，使其能够尽快实现自我发展目标。

开展知识营销人才培训活动，主要包括以下几方面内容：

1. 培养关键能力

所谓关键能力即是指完成相关工作需要拥有的技术水平。对于知识营销人才而言，主要体现在创造能力、沟通能力、学习能力等多个方面。而开展关键能力培养工作，最为有效的方式即是定时组织参加培训活动，而且有效完成相关任务，积极进行沟通、交流，并不断地从失败中总结经验、教训。不可否认，该方式获取的知识能够在后续工作开展阶段得到有效应用，而且一味进行书本知识学习，则很难达到预期效果。

2. 团队建设与管理

不同类型的工作团队，可以将知识营销表现为多种类型的组织模式。开展知识营销管理活动，任务设定以及团队组建的影响效果最为显著。其中，团队是否能自我进行管理，是否能够实现预期目标，这与团队成员的工作能力相关，此外，彼此之间的良好合作也十分重要。综上所述，对于知识营销人才而言，如何更好地融入团队十分重要，企业需要通过调整团队知识结构，引导团队成员表现等方式，达到理想的生产率提高的效果。

知识营销人才培训可以在公司内部进行，也可以委托学校完成，包括与外部咨询公司进行合作等。

企业内部培训也拥有多种方式可以选择，如网络培训等。举例说明，人力资源部门可以通过线上课程进行培训项目设计，采用人机交互方式，要求知识营销人才执行某项培训指令，而且整个培训活动都是在线进行的。如果在对应阶段内产生问题，人机对话则可以有效解决。或者依靠线上课程推进培训活动开展，这样在增加便利性的同时，可以打破时间、地域等因素对培训活动产生的限制。只是这种形式也存在一定风险，毕竟网络环境是透明公开的，依靠互联网开展培训活动，很容易导致企业机密性信息对外泄露。所以，很多企业在进行网络培训过程中，依然以内部网络为基础，或者引入研讨会、内部交流等其他相对不容易泄露公司商业机密的保守方式。

此外，学校培训也是进行知识营销人才培养的有效方法。可以参照自身需求，拟定科学的培训计划，而后向企业提交培训申请，尤其安排自身到专业院校学习。从根本角度来看，学校培养方式带有一定优势特征，即是知识营销人才可以接受正规性、专业性教育，而且培训内容也更为系统，最为明显的表现即是知识营销人才综合素质水平将得到相应提升。但此种方式也存在一定不足之处，即接受的培训带有明显的大众化、普及化特征，很多情况下，其无法与企业需求保持紧密一致。为了使存在问题能够得到有效解决，目前很多规模较大的企业都开始创办内部员工培训课堂和企业大学。在企业管理者看来，想要全面提高企业的综合竞争力,依靠与普通大学合作的方式往往无法实现,因为普通大学传授的主要为基本技能,而其与企业关键性战略无关,相反,企业如果能独立打造培训系统,则可以与企业发展要求保持保持一致。

企业也会通过外部招聘顾问的方式开展知识营销人才培训活动。只是企业在整个过程一定要谨慎行事,毕竟大部分顾问都仅能使用常规方式解决问题,因此无法通过培训使知识营销人才的关键性能力得到提升。只有了解企业需求,并有针对性地制定培训计划的培训活动才能够真正体现自身价值。

从目前发展状况来看,在社会和经济的发展刺激下,大部分企业已经意识到知识营销人才培养的重要性。所以,公司在进行知识战略的建设阶段,组织渴望接触更多的知识与经验,同时可以在环境变化中更好地处理遇到的问题。此外,充分发挥学习合作的优势,更好地利用关键性资源,均有助于企业核心竞争水平的提升。企业人力资源部门也要参与到人才战略联盟建设环节中,采用知识战略联盟等方式,确保培养知识营销人才所产生的培训需求得到相应满足。

开发人才和培训人才都是企业人力资源管理部门的职能,在知识人才资源的智力开发方面,也应主张让知识营销人才进行自我开发,通过持续性的知识学习,不断开发人才自身所蕴藏的巨大潜能。

六、防止知识营销人才的流失

企业员工的流入和流出都是十分平常的,但若是优秀的、高素质的知识营销人才不断地流出企业，那么给企业造成的损失就不可低估了。作为知识，甚至是核心知识的拥有者，知识营销人才一旦离去，就会造成企业的整个知识链的中断，而对企业知识链的弥补和重构则是相当困难的。因此，企业的人力资源管理部门应防止知识营销人才的流失。

为防止知识营销人才的流失，除了要注意我们在之前的第四点中谈到的激励因素和环境因素外，企业人力资源管理部门为知识营销人才制定连续性计划和挑战性计划也是解决这一问题的有效方法。连续性计划是指建立一些新的部门，把没有得到提升的知识营销人才安排在这些部门里，以使他们感到企业对他们的重视和认可；挑战性计划是指把知识营销人才置于一个新的更加复杂的环境中，赋予他们新的挑战，从而赋予他们新的工作乐趣。这可以使他们感受到企业的认可，并能保持良好的工作状态。

知识营销人力资源的整合

企业拥有了优秀的人才,并不一定意味着企业就有了很强的生命力和竞争力。如果这些单个的优秀的人力资源不能被企业有效地整合起来,由优秀的人员构成的企业的整体效能将会小于个体效能之和,从而陷入"三个和尚没水喝"的怪圈。

"知识营销"是一场认知革命,在这个流量剧烈变化的时代,"知识营销"不仅能帮助大公司在改变消费者固有的错误认知上发挥作用,还有可能帮助一些新型的创业公司和小众品牌在市场上迅速占领一席之地。很多企业也意识到,"知识营销"目前还处于红利期,但其在传播过程中扮演的角色并不是立竿见影的实现卖货,而是树立长期稳健的市场信任,和潜移默化地影响消费者心智,因此企业在"知识营销"的布局上还应该胆子再大一点,步伐再快一点。

因为知识企业的主体是知识工作者,他们的工作富有创造性,他们崇尚自主管理,而不习惯于组织约束。这样,更容易出现知识型人才自我意识过分强烈，而使整个企业失去凝聚力。知识营销人力资源也是如此，如果不能有效整合，就难以发挥出整体的力量，也就难以实现知识营销战略目标。因而，知识营销人才资源整合的目的，就是要不断增强知识企业内部的凝聚力，创建知识企业的无限生机，从而使知识企业更具竞争力。进行知识营销人才资源的整合，应主要围绕提高知识型企业的向心力，加强组织修炼为主。具体来说：

一、建立知识企业共同愿景

所谓知识企业共同愿景，是指它既能够体现知识企业未来发展的远大目标，又能够体现知识工作者的共同愿望。这种共同愿望是个人愿望与组织愿望的结合，知识工作者可以通过在企业组织中努力进取，而实现自己的人生价值。良好的共同愿望能够促进知识企业和知识工作者超越他们目前的状态，并且有着克服一切困难的勇气和韧劲，使企业形成强大的凝聚力。建立知识企业的共同愿望，最主要的问题是共同愿望一定要是发自知识工作者内心的、真心追求的，植根于个人愿望，寓于个人愿望之中。否则，这种共同愿望就会失去吸引力而流于形式。知识型企业应根据本企业的实际状况制定相应的共同愿望，应将共同愿望的宗旨融于企业文化之中，进而内化为每个人内心的追求。这样，就会使共同愿望带有每个人追求的激情和强烈的情感，人们将真心诚意地全身心投入工作。

二、培养知识型企业价值观

企业价值观的核心是企业的使命或企业存在的目的，这也是企业文化的内核。对于知识型企业而言，知识型企业存在的目的应是为知识人才的最大限度的发挥创造力和活力、实现自我价值的工具，而不是相反，把人视为组织的工具。知识人才是为了自我实现、为了达到个人发展的最高目标才进入企业组织的。因而，知识企业应形成以人为中心的企业文化。

在培养知识营销型企业价值观时，一方面要考虑企业的特点，尽量要形成自己的特色，需要和别的企业区别开来；另一方面，知识企业高层领导者的价值观在知识企业价值观中占有主导地位。因此，在提炼和塑造知识企业价值观之前，企业领导者应对自己的价值观进行深刻的检查和反思。

三、充分进行内部沟通，营造信任氛围

加强知识企业的内部沟通，也是有效整合人力资源的一个主要措施。加强内部沟通，可以建立企业成员间协作时的信任感，培植融洽、和谐的工作氛围。尤其是知识企业的领导层加强与知识员工之间的沟通，可以博得员工对企业的信任和热爱，有利于激发员工的工作士气。知识企业领导者在沟通中要注意自己的言行，做到内外一致。要仔细倾听知识员工发表的意见，并揣摩其心态，将心比心，充分理解和尊重知识员工。这既可建立自己的可信度，也是赢得知识员工信赖的关键。

总之，从长远来看，知识营销的成功需要创新能力，那些寻求培育创新营销能力的企业因而在知识经济时代的市场竞争中更能成功。企业的营销人才培训应从企业知识沉淀的角度考虑，而不是单从短期业绩出发，展望未来，创新型的知识营销团队，将更加理性和健康。

PART 8 著名品牌知识营销案例

我国已经正式进入消费升级的后营销时代，消费者的消费心态的变化对市场营销环境影响很大。所以，单纯提高品牌知名度已经无法满足市场发展要求，并会导致消费者认可度持续降低。大部分情况下，品牌需要将更多背后的知识提供给消费者，如产品工艺特征、科技含量、环保达标数据等。

现代心理学研究人员表示，人对物体的认知主要与片段信息相关。目前对认知内涵的了解也是从哲学以及心理学角度进行研究的。其中，从哲学角度理解知识，其主要与客观事物的反映、联系相关，简单理解知识即是人大脑中客观世界的表现，具体分为感性知识与理性知识两个方面。而认知心理学则更定义知识为关注信息获取渠道、个体信息知识形成等内容。但两个学科共同提出知识即是对客观事物的全面描述，包括对特殊事物所形成的最终评价。

利用知识进行营销，对于品牌主并不陌生，利用知识进行营销活动在古今中外皆有优秀案例。知识分子和意见领袖们聚集一堂的问答、社交平台，在网络上可谓俯拾皆是，但并未形成普遍的营销方法予以指导厂商进行品牌营销推广工作。笔者于网络上收集了以下知识营销的品牌案例，我们可以以下列成功案例分析出知识营销的特点和优势，给予我们灵感与启示。

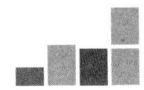

特仑苏:"知识营销"打造的刷"瓶"案例

几乎每一个深谙快消品行业的人都知道,越容易被模仿的产品模式,越难以形成差异化的价格区间,让快消品市场形成严重的同质化现象。这也意味着,相比其他行业产品,快消产品想要单纯通过产品和价格优势建立市场优势的可能微乎其微。因此,对于快消品而言,成功打入并占据市场的核心关键之一在于,如何通过品牌营销在消费者心中逐步建立产品认知,形成差异化从而达到品牌溢价的目的。

2017年8月25日,由知乎与特仑苏联手打造的"知识营销"作品——"自然的语言",获得了来自MMA(Mobile Marketing Association,无线营销联盟)的认可,荣获"MMA无线营销大奖·移动营销策略提名奖"。而这一动态也让我们不得不开始重新审视"知识营销"的潜能。

突破娱乐化营销格局,知识营销成优选?

时下流行的娱乐化营销对于行业及消费者而言已是司空见惯,其优势在于能够在短时间里为品牌产品提供大量的曝光以及随之而来的庞大用户流量。但缺点也显而易见,在短暂的"狂欢"过后,能够在消费者心目中建立清晰认知,形成长久影响的产品寥寥无几。究其原因在于品牌信息难以与娱乐化营销内容相契合,吸引消费者的往往不是品牌产品,而是娱乐化营销下的碎片化内容,本末倒置。

同为快消品的特仑苏,在高端乳品市场同样面临着普遍的同质化问题。时值特仑苏产品升级节点,如何以突破的媒体创新手段,强化产品概念从而占据消费者心智,成为特仑苏所面临的抉择与挑战。而这一次,特仑苏选择了"知识营销",与知识社交平台"知乎"展开了一场别开生面的跨界合作。

在知识营销的过程中,如何最大限度地发挥"知识"的力量?

凭借认真专业的氛围和有趣的知识干货,知乎作为全网信任的优质内容信息源,素有中文互联网版《百科全书》的称号。对于特仑苏而言,产品升级后希望传递给消费者的"天然健康有机"理念难以通过娱乐化营销的内容方式呈现。相反,通过洞察用户好奇心,用"知识"赋予品牌信任度的专业形象,在泛娱乐化的快消品营销中脱颖而出,是知乎所能带来的独特营销价值。为了达成这一目的,通过知乎的"知识营销"充分将产品概念渗透到消费者,知乎与特仑苏用全面覆盖线上线下,又环环相扣的"三级跳"式传播,为我们验证了知乎上"知识营销"的力量。

一、特仑苏全新升级"知识包装"

1. 唤醒用户的好奇心和求知欲,影响种子用户

特仑苏与知乎携手挖掘了知乎站内 54 个趣味十足的自然科学知识,并以原生广告的形式投放到知乎站内。以优质的自然科学知识内容,吸引并赢得知乎用户的信任,从而转化为品牌种子用户,将内容进一步扩散到全网范围。

2. 产品升级"知识包装",让每一瓶特仑苏都成为一个"自然科学知识"

在线上通过知乎积累大量"自然科学内容",并初步建立"自然科学知识"与"特仑苏"的绑定关联后,特仑苏将线下产品包装全面升级,将 54 个自然科学问题和知识二维码印刷在特仑苏有机纯牛奶全新版产品包装上。通过"扫码获知识"的方式强化用户交互体验的同时,进一步把用户的互动体验从线下转移到线上知乎的相关内容讨论中,积累更多用户的互动、评论、反馈,转化为品牌内容资产的一部分,成为品牌产品的强背书。

3. 进军知乎机构号,搭建长期用户沟通平台

在积累了一定的品牌内容资产与品牌种子用户后,特仑苏通过入驻知乎机构号,进一步与知乎用户展开更多且长期的沟通交流。以问答、文章等知乎用户熟悉而习惯的方式,继续以"自然科学知识"内容与用户保持"亲密度",从而长期培养、渗透知乎上潜在的特仑苏消费者。

二、为什么特仑苏会选择知乎

运用知识营销的方式,知乎与特仑苏携手完成了一次跨界营销盛宴。在此过程中,知乎所起到的作用不仅仅是拥有大量用户流量的"媒介"。知乎平台自身专业认真的 UGC 内容为品牌产品提供了强信任背书;特仑苏高端乳品的目标消费者群体与知乎上的"高净值"用户吻合,大量潜在的消费者在知乎有待开发;成功培育成"品牌种子"的知乎用户,不仅仅是消费者,更是品牌产品在传播过程中最具说服力的传播者,乐于分享且善于创作 UGC 内容的知乎用户为特仑苏积累了一大笔宝贵的品牌内容资产。

特仑苏之所以能得到知乎用户的热情参与,也与其深耕"自然科学知识"内容息息相关。强调"专业、认真、友善"的知乎,孕育的知乎用户更崇尚有价值、有深度的内容。特仑苏投其所好,利用趣味性强的"自然科学知识",兼备专业深度和趣味可读性,让特仑苏的营销内容成为提升满足用户体验的"知乎优质内容",潜移默化地提升用户对品牌产品的认知,用"知识"的力量,将知乎用户与特仑苏紧密连接起来。

而这场别具一格的"知识营销"盛宴,也为特仑苏和知乎赢得了从行业到市场的认可。不仅在社交媒体渠道引来了大量用户的关注与好评。在用户好评之后,特仑苏更是荣膺中国有机乳品行业最大、最具分量的行业至高荣誉——2017年中国国际有机食品博览会乳品金奖。

8月25日,知乎与特仑苏打造的知识营销案例"自然的语言"获得了来自世界领先的非营利性行业协会MMA（Mobile Marketing Association,无线营销联盟）的认可,荣获由MMA颁发的移动营销策略提名奖,在中国乃至全球无线营销行业中,为"知识营销"留下里程碑式的足迹。

米其林指南：一本在轮胎上行走的"法国小红书"

谈起知识营销就不得不谈米其林。提到米其林，大家可能会想到两个关键词，一个是专业做轮胎，一个是专业做餐厅指南。那么一家做轮胎的起家的公司为什么要做餐厅评级呢？

米其林公司觉得光靠轮胎质量好这辨识度不够高，得鼓励大家开车多出去转转，这样轮胎自然也就卖得多了。于是米其林兄弟开始编写旅游指南，趁着1900年巴黎举办世界博览会，米其林就将地图、加油站、餐厅等信息编辑成书，免费送给客户。

米其林的《米其林指南》，除了最初包含旅行相关的注意事项，导航图，加油站位置，如何更换轮胎的操作步骤等内容外，最后还演化出了米其林星级标准，米其林餐厅，米其林厨师等一大堆具有传奇称号的衍生品。

第一版《米其林指南》是免费发放的，这是一本包括旅行小秘诀、加油站位置、地图和更换轮胎的说明书等方面的旅游指南。但在1920年的一天，米其林兄弟意外发现在一个轮胎销售商那里，《米其林指南》竟然被拿来垫桌子。他们就决定不再免费发放这些小册子了，认为"人们只会尊重他们掏钱购买的东西"。然后有价出售的《米其林指南》，内容也丰富了起来。里面开始包含分门别类的宾馆和餐馆，内容也从简单的采集信息变成了知识性的评论。

接着，米其林兄弟发现人们对于餐馆的指南特别感兴趣，于是他们又雇用了一批匿名调查者，去光顾各大餐厅，并给出评价。此后每年翻新推出的《米其林指南》被"美食家"奉为至宝，被誉为欧洲的"美食圣经"，它开始每年为法国的餐馆评定星级。1926年开始给旅馆餐厅给予星标。到1931年启用了三个星级评价体系并沿用至今。在那个没有网络、没有微信、没有大众点评的年代里，这种餐厅指南简直是像春雨一样滋润着吃货们饥渴的胃！

一颗星★："值得"去造访的餐厅，是同类饮食风格中特别优秀的餐厅；

两颗星★★：餐厅的厨艺非常高明，是值得绕道前往就餐的餐厅；

三颗星★★★：有令人永志不忘的美味，是"值得特别安排一趟旅行"去造访的餐厅。

当然了，即使是米其林一星，在欧美的餐饮界也已经是很高的荣耀。

《米其林指南》现有70名专职监察员，他们的身份对外是保密的，唯一出名的是他们传统与苛刻的共性。能成为监察员人都是美食的行家，他们的工作永远遵循以下四条原则：

（1）隐瞒身份亲临餐馆或者酒店用餐、住宿，品评打分；

（2）保证出现在指南上的任何一家餐馆、酒店都经过精心挑选；

（3）由己方支付账单；

（4）每年更新指南，保证信息的准确性。

《米其林指南》权威来自专家级的监察员，有着严苛的招聘要求：

（1）（Bachelor's degree in culinary or equivalent degree）

烹饪学士学位或同等学力，不知道新东方算不算

（2）（10+ years' of experience in hotel, restaurant or other relevant industry）

10年以上酒店、餐厅相关行业工作经验，工资不可能一般

（3）（This position requires 50-75% travel and regular evening work hours.）

50-75%的出差和经常性夜班，说明有出差补助和三倍工资才能加班

（4）（Attention to detail, strong skills of observation, memory for cuisine）

注重细节，观察能力强，记忆不能太短

（5）（Excellent writing skills, Solid organizational skills）

优秀的写作能力，还得会写文案

（6）（Natural sensory talent for tasting, analyzing food）

有品尝、分析食物的天生感官

（7）（Formal wine studies or work experience as sommelier）

还得尝得出葡萄酒的单宁度

在20个世纪的后半叶,《米其林指南》对餐厅、酒店的评选范围从法国扩展到整个欧洲,从爱尔兰到土耳其,从瑞典到阿尔巴尼亚都留下了神秘的米其林监察员的足迹。这本《米其林指南》就因其严谨的评审制度而得到读者的信任,并由此著名。

而米其林轮胎的用户也得到空前的增长,将其一直发展演进至今,米其林也逐渐成为世界数一数二的轮胎制造商。一家轮胎制造商就这样以美食家的身份被世人铭记,说这是天才知识营销案例也不为过吧。

奥迪：用汽车发动机煎牛排这事靠谱吗？

最近在超市买了一包牛排，想回家自己烹饪。心里想着，要是配上一个心形的煎蛋，加点洋葱和西兰花，品质生活就在眼前了。没想到的是，笔者在知乎上查找煎牛排的帖子时，竟然发现了"发动机上烤牛排靠不靠谱"的帖子。这其中，奥迪知乎机构号的回答收获 3.5K 点赞，并自称是"知乎史上制作成本最高的回答"，这让人忍不住想往下看。

知乎回答中，回答者选用奥迪 R8 V10 Performance 作为厨具，分别做了台塑牛排、芝士烤龙虾；然后奥迪 RS6 Avant 做了烤鸡翅、低温牛小排、伊比利亚 BBQ 猪肋排、油封羊排；最后用奥迪 A3 保持 3500 转的火候，加热两小时左右，做了一个酸辣牛尾汤。每一道菜品都色香味俱全，引得用户直流口水。

没想到奥迪和米其林一样，在餐饮方面天赋异禀。但它为什么要

"不务正业"地花大成本,在知乎上回答这道题?

其实奥迪才没时间教你煎牛排,这只不过是一次巧妙的营销。在文章中,奥迪向用户灌输了大量汽车"硬知识"。比如汽车发动机的工作原理,气缸内最高燃烧温度可达2200℃~2500℃,发动机的正常工作温度是85℃~105℃等。

更何况,奥迪还强势植入了其汽车细节,如:

"这件厨具,采用5.2FSI V10自然吸气发动机,最大功率610马力。"

"一定要收敛你那想放纵想弹射的右脚,不然这台3.2秒破百的凶猛厨具会把蛋液甩得到处都是。"

奥迪的官方机构号,它的三个最高赞回答分别是"为什么说奥迪是灯厂?""无人机可以做哪些脑洞大开的事情?""用汽车发动机煎牛排这事靠谱吗?"都是这种兼具娱乐性和脑洞大开的问题,而非一本正经的科普汽车知识,这类知识性话题热度不断攀升。而奥迪在抖音发起的其他表演性质的话题,比如#一车好戏#、#段子手说车#、#强音红人馆#、#没有我修不好的车#、#金牌销售的自我修养#等话题,播放量较为一般。

知乎上每一个机构号都会像奥迪一样,花尽心思在这里进行知识营销。首先,高价值粉丝是品牌的超级用户,尤其拥有众多高学历、高收入、高购买力的活跃用户。这一群用户就是品牌的潜在超级用户。

具有理性消费习惯和较高认知度的超级用户,在品牌渗透中易守难攻;而一旦通过知识营销引导他们对品牌产生积极认知,企业将会得到长久忠诚,强大有力的裂变传播,及频密的购买行为。超级用户学习意识强,不排斥知识营销。有数据统计,大多数用户使用知乎,是为了学习知识和自我提升；还有很大比例用户是为了关注、讨论有兴趣的话题。以一种学习的心态，在知乎平台对知识内容进行交流，这将带来莫大的信任感。

而进行知识营销的品牌主可以是回答者，也可以是提问者。作为回答者，他们的内容不会像其他平台一样因为是"自说自话"而天然被阅读者排斥。比如车企微信公众号的文章，它们就没有客观说服力，趣味性也欠佳。但是在知乎，阅读者最关注的是"专业""干货"，没有人会比奥迪更了解奥迪，于是阅读者就算知道奥迪是自说自话，也照样会对奥迪发布的内容感兴趣，会去阅读。（如奥迪知乎号对"为什么说奥迪是灯厂？"和"运营知乎机构号是种怎样的体验？"的回答）。

作为提问者，奥迪和其他用户是平等的，他有能力获得优质的用户产生内容。如问题"你作为奥迪车主，有哪些值得分享的故事？"，该问题由前易车网主编王洪浩提出，不确定是否与奥迪有合作关系，但如果由奥迪来提问也并不会有什么区别。（提问者是谁对于回答者影响不大；另一方面，问题页面也不会显示提问者）。营销主作为提问者，会因此拥有真正与用户进行互动的机会。

知乎的分发逻辑里，权重最大的因素应该是用户关注的话题。于是营销主可以从各种非汽车话题的领域，将用户吸引过来。比如奥迪对"用汽车发动机煎牛排这事靠谱吗？"的回答。该问题中包含"美食"的tag（标签），关注"美食"话题的用户会在该回答中获知奥迪的信息。这种操作空间的前提，是要运营团队仔细琢磨问题并且有足够的想象力。比如关于"工业"的话题下面的热门问题"人类史上令人叹为观止的极限精度制造成果有哪些？"，奥迪必然有足够的素材去宣传,在回答前加上一句"难道没有人说奥迪xx吗?"后面就有很多文章可以做。

最重要的一点是,品牌要融入营销平台的语境。面对不同平台的用户,就要用不同平台的语言去跟他们沟通。优秀的营销主,他们能够与营销平台提供完全相同的内容,海底捞、杜蕾斯的营销之所以好,是因为他们的营销微博就是微博。而微博上其余那99%的无效与低效营销,那并不是微博,那就是软文——差的软文就只是软文,也只会是软文。好的典型是题目"用汽车发动机煎牛排这事靠谱吗?"下的回答,虽然仍有生硬的自说自话,但大体上是在用知乎的语言在与用户交流。

这些回答里实际上仍存在大量的自说自话,即便他们的内容里仍然存在着大量新闻通稿里充斥的浮夸的定状语,以及让人一眼就能看穿的假机灵。但因为阅读者对问题感到好奇,以及有对"干货"的需要,因此机构答题者的答案会对他们产生很难抗拒的吸引力,并在一定程度上改善用户的阅读完成度,信息传递效率更高。营销角色的变化,会对品牌产生更根源性的影响。如果要有好的传播效果,就必须寻找优秀的问题,并且为回答这些问题做充分的准备,不同的问题需要有不同的部门提供支持。只有做到这些,才能真正做好知识营销。

苹果电脑：知识赋予品牌价值

知识营销，也许在一些营销专家，或者营销研究者看来是一个虚无的概念，看上去很美，但不实用，抽象的思想，无法进行落地运营应用的概念，博人眼球而已。但事实真是如此吗？

苹果，这是一个大家都熟知的品牌，有人卖肾都要想买到的品牌。当苹果第一台电脑上市时，是寄存在五金店内进行销售，而且都是一批电子爱好者购买的，作为当时的新发现，还不被大众所知和了解。因此在小众范围，首先利用了小众爱好者的兴趣。

乔布斯为把电脑推向市场，去参加商业电子展览，并现场演示，同时邀请观展者亲自体验。让这部分观展者感同身受，产生极大的认同感，并用他擅长的互动演说说服了客商，获得了订单，自此开始了苹果的事业。

苹果电脑在定价上，不是采用的成本加价法，而是一种价值加价法，用了解和知道苹果品牌知识体系的人心中的价值来定价，所以在一段时间内，苹果电脑虽然很贵，但是大家都以使用苹果电脑为荣，到今天，这种现象依然存在。苹果电脑是系统稳定、速度快、界面色彩真实的电脑代名词，是设计师专用的电脑。从消费风险评估来看，购买和使用苹果电脑，消费风险更低，整个消费使用过程更为安全。

苹果电脑作为一个优质产品，只在苹果专卖店售卖，不在其他地方售卖，建立起自己的通路，而不是传统上所说的渠道模式。到了今天，苹果电脑更是不局限于一种渠道售卖，完全实现了多条渠道互通、互动。

因此，很多使用电脑的人，对苹果电脑的稳定性、色彩还原度等都有了较高的认同，特别是一些专业工作人员，更希望拥有一台苹果电脑。这样原有的顾客更愿意与苹果品牌形成了一种依赖关系。未购买使用苹果电脑的人也与苹果电脑在心智上发生了关系，从而与消费者发生长久的联系。

在整个售卖过程中，苹果用自己独创的系统，包括其精心设计的硬件和专属系统开发，教会了消费者如何选择一台好电脑，如何识别一台好电脑，如何使用一台好电脑。让原来的电脑菜鸟成为半专业或者专业的人士。整个营销过程，实质上也是知识传递转移过程。由苹果公司的形式知识转化为电脑消费者的先验知识。

而且整个苹果电脑营销过程，完整地运用了兴趣、认同、互动、成本、风险、通路、关系七个知识营销的要素。让消费者大脑中的先验知识固化，极大提高了消费者选择手机、PAD、智能手表等相关产品时继续选择苹果生态的产品，塑造了完整的品牌闭环。

《路易威登城市指南》，挖掘当地文化的极致吸引

《路易威登城市指南》（*LOUIS VUITTON City Guides*）是路易威登自 1998 年以来推出的城市指南，品牌一直通过它与读者分享独特品位，在每一城市中严选诱人去处。他们找来了不少艺术家、记者和特约撰稿人对那些兼具时尚与旅游魅力的大城市进行重新定位和解读。

在这系列城市指南里，餐厅、酒店、美食和城市的夜生活文化都是它关注的重点，攻略里除了对城市本身的旅游点进行推介之外，还重点在文化生活上着墨，挖掘有品质的旅行体验。

在内容方面，APP 包含 25 个城市，近 1200 个地点推荐，信息非常丰富，但最独特的，在于它观察城市的视角相当的浪漫精致。每一座城市，《路易威登城市指南》都配备了一份"24 小时"指南，试图描述这个城市在每一个时刻的状态，比如下午六点，最适合在哪里看日落。"步行指南"也是《路易威登城市指南》攻略中的亮点，不论

是穷游富游，靠双脚去丈量这个地方，都是最纯正的旅行方式。

另外，《路易威登城市指南》还为每一个城市请了一位名人代言，试图从他们的视角，去解读这个城市的日常生活，该去哪里吃饭，该去哪里喝一杯，如何不虚度这座城市的夜生活。

作为一本攻略，《路易威登城市指南》还推荐了知名的购物地点、高级餐馆，以及同样可以品尝到美味的农贸市场，为了更迎合消费者的品位，《路易威登城市指南》推荐的酒店清单，不仅有五星级，更有标新立异的隐匿住所，毕竟时下小众的Boutique风才是富人间最流行的选择。看过《路易威登城市指南》推出的旅游指南，才更明白什么叫"城会玩"。

《路易威登城市指南》为读者提供有关他们最爱城市的全方位指南。从各式实用游玩信息以及必看景点，到酒店、餐厅、酒吧、咖啡馆、茶楼、夜生活、商店、水疗馆，甚至古董店、画廊、博物馆、美术馆，以及当地书籍、电影、歌曲，让读者能像当地人一样的生活。

为了展示每座城市的灵魂，路易威登邀请了全球最优秀的记者、作家、艺术家、商务人士与文艺界人士，围绕同一座城市，多位作者贡献了精美的文字。他们的来稿，字里行间奔涌着好奇、大气、不羁、俏皮与文雅，都是撰稿人的个性之作，加之路易威登的丰富经验及权威眼光，使《路易威登城市指南》系列成为独一无二、珍贵无比的原创巨作。

每一辑《路易威登城市指南》中都收录了一位特邀嘉宾的作品，例如导演北野武笔下的东京；知名演员郑裕玲眼中的香港；著名文化人洪晃心中的北京；他们用全新声音揭开城市不为人知且新奇有趣的一面，从当地人的视角讲述家乡的故事。特邀嘉宾也将公开一些私房推荐，带领读者踏上个性化城市之旅。

《路易威登城市指南》也特别收录了一系列摄影作品，为读者们带来独特的观赏视角。Tendance Floue（朦胧潮）摄影小组中的成员都通过独特方式极为敏锐地捕捉到了每座城市的十足魅力与诱人风姿。成立于1991年的Tendance Floue是一个由12位摄影师组成的团体。他们将这个集体视作一所实验室，是探索世界，合力开拓艺术新地域，丰富当代摄影的地方。

虽然以旅行为卖点的奢侈品牌为数众多，但真正跨界到旅行指南的却寥寥可数。假如你曾到过北京的路易威登之家，势必会记得那面由各色《路易威登城市指南》铺成的彩虹墙。

去年，这家法国奢侈品牌将纸质版指南数字化做成APP，最近还正式上线了7个中文版本：北京、上海、伦敦、纽约、东京、罗马和巴黎。"这些都是为了跟上现代旅人的消费习惯。"Marie-Helene Brunet-Lhoste接受法国电视台BFM采访时解释道。她从指南问世以来一直担任编辑总监一职。

和纸质版《路易威登城市指南》相比，APP优势在于携带便利，而且离线状态也可以使用。上线之后，整个编辑部的工作量有所提升，毕竟他们得不时更新信息。目前看来，至少汇率信息没有停滞。可与大众点评、去哪儿、驴妈妈等由用户提供内容信息的开放式平台相较，它仍旧稍慢一步。

路易威登在知识营销上，进行当地文化的科普宣传。坚信生命本身是一场旅行，带领人们以独特的方式体验这个世界。就是探索了许多城市、餐厅和画廊等颇具特色的时尚场所进行宣传，这是《路易威登城市指南》利用潜移默化的手段灌输给消费者的先验知识，充分体现其人文精神的同时也是提升了其品牌的价值。

麦肯锡发布的《2019中国奢侈品报告》显示，以"80后"和"90后"为代表的年轻一代，分别贡献了中国奢侈品总消费的56%和23%。而这个群体的消费特征，已受到了数字化的深度影响。比如，社交与购物同时在线发生，传统的搜索式购物转变为通过知识进行种草发现式购物。这些变化，必然推动了奢侈品牌在数字化革新的广度和深度上，要有新的探索与创新。

曾有奢侈品行业的观察者认为，奢侈品牌的数字化营销和网络销售可能会过快增加品牌的渗透度，从而稀释了品牌的梦想价值。对于路易威登来说，又是如何在潮流前沿的创新中，维护好品牌梦想价值，让文化内涵、历史沉淀和精神传承这些品牌的底层DNA得以"现代化"地传递。用符合年轻一代的语言逻辑和习惯多样化表达，是路易威登近期数字化革新的一个重要特征。

路易威登的旅行指南如米其林指南一样，每年更新以保持信息的时效性和准确性，这点上当然电子的APP更新起来更方便，不过比起手机里的APP，我更愿意远行时，从包里拿出一本《路易威登城市指南》，这个可比有路易威登标志包有腔调多了。这是"一切即媒介，处处皆传播"的时代，当虚拟世界变得越来越习以为常，真实体验就更如弥足珍贵。正如《路易威登城市指南》全球CEOMichael Burke（迈克尔·博克）所说，数字化越是深入，物理世界越重要。

理财师APP，解锁知识营销密码，提升线上金融产品转化率

打开金融从业人员的微信朋友圈，里面各式各样的理财产品广告占了满屏幕。然而在众多的产品广告中，理财师APP却大打"知识营销"牌，无疑成为营销界的一股"清流"。

一、知识营销更胜于传统营销

知识营销是存在于普通知识和专业知识之间的一种营销方式，虽然没有专业知识那么严谨和客观，但相比普通知识更具有可信度。

以丁香园医学科普知识为例，所有医学相关的文章，作者除了需要在这个领域内有非常深厚的专业知识外，还需要有简化知识，柔和

知识的能力，要做到让一个普通的消费者即使没有那么专业的理论基础也能看懂这篇文章。

知识营销出现的背景是因为大量的专业投资客户出现，客户不再是被动接受营销信息的群体，而变成了主动或交叉寻找营销信息的群体。

根据企鹅智库的《数字内容报告》显示，高收入用户（月收入人均大于15000元）对于资讯消费的平均时长为115分钟。也就是说，从高净值客户的需求来看，他们对于资讯的需求是非常旺盛的，他们需要不断地去吸收资讯，来辅助去做一些生活、工作上的决策。

而金融机构通过文字、图片、短视频等多形式的理财内容，与这些高净值客户建立高频率的线上沟通联系，就达到了触达留存客户的第一步。

二、"知识营销"解锁客户经营密码

其实，金融行业尤其适合进行"知识营销"，长期的理财需求如养老、子女教育等，通常决策周期较长，产品特性相对复杂，涉及领域知识较丰富。试想这样有一定知识门槛的产品，当然需要给客户一段时间来学习和比较，才可能产生购买行为。

在这种情况下，就需要有长期、稳定、高频的陪伴式内容投放，这些内容也是理财师与用户实现互动、沟通的最佳渠道。通俗来讲，就是通过"知识营销"对客户进行投资者教育，会直接影响客户的理财决策和成交意向。

此外，理财的传播天然就适合做"知识营销"，这由两个因素构成,一是投资市场瞬息万变,需要专业而且职业的从业人员进行解读;二是最终的决策要由客户来操作,知识营销的效果会很大程度上影响客户的理财决策。

例如《人民的名义》中提到的保险片段。可能这么一个小小的视频,就让客户下决心购买保险。根据艾瑞的市场调查,超过70%用户认为品牌相关的背景内容会增加自身对品牌的兴趣,同时超三分之一的用户表示专业内容服务平台提供的有价值知识信息,会促使用户点击广告及完成购买。

三、借力理财师APP实现内容资讯与产品销售兼得

那么金融机构到底如何做好知识营销呢?内容资讯与产品销售是否可以兼得?理财师APP提供的"知识营销"共有四大类内容。

一是资讯陪伴,覆盖7x24h国内外全球市场资讯,第一时间为客户解读全球资本市场异动。其中的财经早报,可以让每一位理财师都拥有一份独家早报资讯,内含的标签体系可以记录客户行为,包括访问内容、行为数据,做可视化呈现。

二是策略解读系列,主要是对市场热点的深度分析,与保险、信贷、基金等相关政策的及时解读。比如其中的基金经理研究,通过跟踪明星基金经理动态输出有价值的观点。还有策略报告系列,按照月度、季度、年度的频率回顾市场策略、投资环境展望、月度资产展望与配置建议。

三是保险家族系列,面向高净值人群以及需要家庭保障的普通人

群，以社会热点为解读核心。比如财商保典系列，聚焦财富传承、婚姻商法保障规划，为您守护今天，预见未来。还有保险精编系列，讨论保险市场与发展、政策法规变化、养老金、社保新闻、医保制度等行业关注话题。

四是精编陪伴系列，包括基金、房产、理财精编等，为中国商业精英和决策者们提供每日不可或缺的商业精编、深度分析以及评论。

芬必得：疼痛认知形成独特消费者拉力

用知识撬动用户注意力是品牌知识营销的基本法则，这也为消费者带来了前所未有的品牌体验与内容视角。芬必得用知识营销成功实现用户的"广而认知"，以专心耕耘的知识内容深度解析日常生活中常被网友忽略的场景与其背后的知识。

医药类产品直接关系着人们的身体健康，向高知、理性的年轻一代消费者敞开"追溯本源"的医学视角将为医药类品牌带来更多认可。芬必得从分享医学知识角度出发在知乎发布两篇以医学论文形式呈现的广告，不仅顺理成章地成为知乎平台爆款，更为品牌取得了消费者的深度信任。

当消费者自主选择药品时，他们会寻找自己信赖的产品，这就需要在品牌与消费者之间建立一种信任关系，正是这种信任最终决定消费者的购买行为，他会选择这种品牌并对该品牌保持忠诚。芬必得已经是广受信赖的止痛药产品，那么建立强有力的信任关系就成为芬必得此次新尝试的突破点。

芬必得作为药品品牌，除了用产品满足消费者的需求，更用知识营销深入挖掘人们的求知欲望，芬必得的一系列推广，很巧妙地把疼痛和科普结合在了一起，不仅推广方法值得行业借鉴，其背后的知识营销策略也引人深思。芬必得通过第一篇题为《止痛药吃下去后，到底发生了什么？》全面解析布洛芬治疗身体疼痛的药理知识，梳理芬必得治疗疼痛的权威形象的同时，更为网友创建了圈层分享的话题谈资。而在第二篇题为《世间有千百种疼痛，你对痛有多少领悟？》的文章里，芬必得分享了身体疼痛的健康知识，强化了与消费者的亲密度。

比如《疼痛发生时，女生竟然也有前列腺"素"？》这篇文中写道：

"疼痛，本来是人体自我保护系统中灵敏的警报器，然而它却时常越界，成为戕害健康的凶手。其实生活中很多疼痛都和前列腺素相关，谈到前列腺素，你的第一反应可能是，这应该是男性的"专利"。但实际上，女生也有前列腺素。前列腺素和前列腺没有直接关系，它却与日常生活中的疼痛息息相关。那么前列腺素是什么？它是如何被命名的，又怎么会和疼痛相关呢？"

从前列腺素的发现说起。然后再介绍经典止痛成分布洛芬，一次宿醉的意外测试发现的故事。通过这样科普疼痛知识，文章引出芬必得的价值，整体传播分为两个阶段，以核心信息流资源导流原生文章，传播素材围绕"疼痛"和"止痛"解读，主题贴近生活，并且引用大量文献，科普性极强，得到了网友的一致认可。

芬必得通过在知乎上科普疼痛知识，围绕"疼痛"和"止痛"进行解读，两篇文章《止痛药吃下去之后，到底发生了什么？》和《世间千百种疼痛，你对痛有多少领悟？》，既贴近生活，科普性又很强，促使用户深度了解品牌。最终广告的传播曝光达到了722.4万，用户点赞和评论互动近4000人次。

配合以上策略，知识营销人员列举了生活中常见疼痛的产生情况，如关节痛、腰腿痛和肌肉痛，并通过展示芬必得止痛的知识原理，强有力地带出芬必得12小时持续止痛的信息。芬必得知识营销以科普医学知识为主，在消费者层面形成独特拉力，虽然消费者尚未自行购买，但患者往往因芬必得知识营销而形成的先验知识，主动向医生要求开芬必得。芬必得在医院渠道的知识营销工作形成的推力与市场拉力相互作用，形成芬必得品牌上升的强大动力，使产品的销售迅速扩大。

芬必得迅速成长为领先的止痛药产品，品牌知名度上升的同时，也带动整个类别的发展。通过调研发现，止痛产品上市后其主要处方来自治疗肌肉骨骼疼痛，而消费者也开始慢慢建立芬必得在此方面的有效和权威的印象。芬必得知识营销策略很成功，调研显示芬必得在消费者中的无提示的先验品牌认知率超过60%，而40%的消费者认为芬必得是一种"有效"的止痛药。

也许最开始许多品牌将知识营销作为一块营销试验田，用于尝试新的营销方式。但随着品牌在知识上与受众沟通变得日常化，这种既能影响用户，又带给用户价值的新模式被不断挖掘。信息爆炸时代，唯有用户信任且乐于分享的广告信息，广告效应才能有效发挥，知识营销无疑给陷入流量焦虑的品牌营销提供了一种新的解决方案。

雀巢：超级能恩3，凭何捧走深度营销案例奖？

2018年9月28日，中国国际广告节2018广告主奖在第25届中国国际广告节上隆重揭晓，雀巢超级能恩3携手知乎一举斩获"2018广告主盛典年度深度营销案例奖"。

中国国际广告节广告主奖是中国广告界权威且有深远影响力的专业奖项，已成为对企业品牌和广告领军代表的高级别年度表彰活动。"深度营销案例"类别，旨在表彰那些善用高价值内容和独特沟通方式，为品牌营销创造最佳深度认知的营销案例。

经由中国传媒、广告营销界各领域精英组成的强大评审团，经过紧张激烈的讨论，公平公正的票选，在参评的1247个候选案例中，雀巢超级能恩3携手知乎能够脱颖而出，也足以证明知乎营销助力品牌在深度营销传播领域的绝对实力。究竟该案例有哪些营销亮点值得大家学习？

一、从科普知识出发,养娃简直就是"小儿科"

俗话说小儿难养,不再是过去的不好养,而是年轻一代的妈妈们对养娃有更高的要求,希望把娃养得更加"精致",为宝宝提供更好的品质生活。90后新手妈妈或准妈妈们喜好新奇好玩的事物,爱在网上研究各类育儿知识和母婴产品,而这就要求母婴产品营销要兼具专业和有趣。

雀巢母婴作为全球知名母婴营养领导品牌,希望找到与目标消费者的全新沟通方式,建立雀巢超级能恩3的专业母婴产品形象,传递产品"贴近母乳"的价值。同时也能够帮助新手妈妈或准妈妈解决"育儿恐惧症",提升雀巢超级能恩3在消费者心中的信任度和美誉度。

与知乎的合作,则成了雀巢超级能恩3深入妈妈心的一次"授人以渔"的完美历程。在知乎超大集成的高质量用户群中,拥有众多专业医生和育儿达人,以及引领品质生活的高知母婴人群。他们通过互动交流和提问分享的优质内容,也成了母婴专业领域话题的聚集地。

在深度洞察知友中妈妈人群的求知心后,雀巢超级能恩3与知乎在"专业言值"上不谋而合,专业知识平台携手专业产品,打造知识创新体验馆——"小儿科诊所",专治养娃困难症,让妈妈们线上学习育儿知识,线下模拟医院场景,以有趣互动的方式,让专业母婴知识科普更加有意思,让照顾宝宝简直就是"小儿科"。

当辣妈、母婴专家、知乎放在一起会碰出怎样的火花?从"萌新妈妈"到"养娃大神"总共分几步?知乎联动线上线下多个场景的知识产品,用娱乐精神和科技范对雀巢超级能恩3的所有目标用户,讲了一个有趣、有料、有用的故事，在知乎站内形成雀巢超级能恩3品牌力和产品力的闭环传播。

活动初期，结合"不知道诊所"在知乎的全站推广资源，知乎为雀巢超级能恩3打造的"虚拟线上诊室"率先打起传播头阵，通过H5向知友发起互动，预告线下"不知道诊所"情况，最大化引流线上用户参与活动。同时雀巢超级能恩3在线发起品牌提问，将品牌提炼出的"OPTIPRO小分子蛋白"让每一滴奶粉都贴近母乳的产品诉求自然融入回答。

而雀巢超级能恩3"不知道诊所"小儿科的上海落地将活动进一步推向高潮，成为本次活动的中心场景。

在小儿科诊室，体验者通过四步即可在10分钟内体验"怀孕生娃养娃"的整个过程。从B超扫描拥有当妈妈的代入感，到如何处理宝宝吃喝拉撒问题，通过真实的"天屎制造机"和拟人化的"小小O变身记"让参与者理解牛乳蛋白和"OPTIPRO小分子蛋白"的差异，在体验中深化雀巢超级能恩3"贴近母乳"的产品特性。

活动期间还邀请了妇产科医生田吉顺、国家注册营养师营养小吕这样的知乎母婴大神在知乎Live特别现场模块中进行雀巢小儿科直播，分享知识，体验者在现场体验的同时，知乎大咖育儿知识直播，与线上分享讨论关联，形成线上线下互动扩散闭环。

活动线上收尾阶段，原生内容刊登上知乎日报，将来自"小儿科"现场的知识沉淀二次传播，深度占领用户碎片化阅读时间，有趣有用的知识促进自主分享，扩散影响全网90后妈妈。

二、专业产品+专业平台+专业人设，知乎助力打造母婴行业现象级体验式营销

透过本次活动，母婴行业的品牌营销传播又将"Get"一个新姿势——"知识创意互动"，雀巢超级能恩3"小儿科诊所"现场乐趣的勾引，让参与者自发分享传播、在现场以及直播中与知乎母婴大咖交流讨论，完成从线下嗨玩到线上发声的体验式病毒营销传播，收获"全程品牌曝光量5亿+，线下活动参与人数10万+"的现象级传播效果。

除了可观的效果外，该案例能够一举夺得"深度营销案例"大奖的重要一点是，雀巢超级能恩3和知乎将"专业"发挥到了极致，又一次开创了品牌深度营销的成功创新和尝试。

基于知乎多样化的产品矩阵、优质母婴知识内容氛围、高价值母婴用户群打造的雀巢超级能恩3"小儿科诊所"，将难以理解的"OPTIPRO小分子蛋白"专业知识点进行趣味化、具象化的拆解，让消费者对品牌产品诉求的认知更加触手可及，同时塑造了雀巢超级能恩3母婴知识专家的品牌印象，产生十足的品牌信任感。

而这也是知乎营销能够即时洞察用户与品牌需求，及时制定从广告曝光到深度沟通的知识营销解决方案能力的最佳体现。雀巢超级能恩3这场现象级的深度体验式营销荣获该项大奖实至名归。

黑猫普法：趣味知识短视频，促进用户的认同理解

在日常生活中，消费者权益被侵害的事件屡见不鲜，这让一些消费者对于自身权益被侵害这件事感到习以为常。作为一个保护消费者权益的平台，首先需要帮助消费者提高维权意识。

面对当下复杂多变的互联网环境，一方面消费者维权存在维权渠道分散、效果难保证、难追踪的痛点；另一方面商家也需要强有力的渠道背书，维护品牌形象和提供更好用户体验，消费者和商家都需要一个可以发声和沟通的权威平台。

新浪黑猫投诉作为新浪旗下的消费者服务平台，依托新浪大平台优势，用户可以通过该平台投诉所有商家的不规范行为，同时还有企业信誉榜单，以帮助消费者进行消费行为抉择。但是作为一个新平台，市场的认知度不够。如何向消费者有效地介绍平台的功能和应用场景，成为传播重点。投诉，就上黑猫。远离消费陷阱，提升消费体验，黑

猫投诉平台全天候服务,您的每一条投诉,都在改变这个世界。

在2019年11月2日举办的第八届中国传播领袖论坛暨蒲公英之夜2019盛典上,黑猫投诉APP系列普法短视频知识营销荣获第六届中国创新传播大奖－内容组－短视频知识营销金奖。视知TV-黑猫投诉APP系列普法短视频,通过整合人们在日常生活中不熟知的消费侵权行为,引导消费者走出消费误区。

该系列普法短视频运用知识营销,利用一些动物行为、特征和消费者行为之间存在的耦合性,通过典型动物和故事、童话、热点之间存在的暗示性,将"动画+动物拟人+明星"巧妙地组合,让故事情节更有趣味,同时更有说服力。将严肃、枯燥的普法内容转变为大众便于理解、乐于接受的趣味知识短视频。并以系列故事的形式、持续性地对用户进行知识营销,不断促进用户的认同理解。

(1)借助明星效应,每期短视频都与一位当红明星联动,通过明星社交影响力进一步扩散。

(2)在社交平台上进行有奖互动,通过转发抽奖及开奖等持续互动内容输出,让用户形成自发扩散、且持续关注。

(3)每期视频播放量超过300万。

(4)7支视频全平台分发,每一支视频从发布之日起7天内的全网播放量都突破500万,其中秒拍和腾讯平台占据播放量的70%以上,每支视频保证了最少有3个平台的推荐位,超出客户的预期。

(5)每支视频都联动多个头部知识账号互动,通过转发抽奖呼吁所有账号的粉丝参与原博互动,也给这次视频带来了很好的推广效果。

(6)每一期视频都有明星和大V露出,在视频的文案里也特地强调了明星和大 V，有针对地引导粉丝来自发传播。

作为新浪旗下的消费者服务平台，黑猫投诉旨在搭建起企业和消费者沟通的桥梁，高效解决消费纠纷。截至 2019 年 11 月中旬，平台累计收到消费者有效投诉近 66 万件，为数以十万计的消费者提供了消费保障。

随着平台的发展，黑猫投诉也逐步从单一解决消费纠纷，发展为涵盖消费维权知识普及、行业数据发布等的综合性服务平台。

黑猫会联合合作律师从专业角度为消费者提供权威性指导，并会依据具体的投诉案例，从专业知识做出分析及提出建议，供消费者与企业协商处理纠纷时作为参考。

黑猫平台还会定期发布企业红黑榜以及平台投诉数据报告，通过对不同行业、不同时间周期的宏观投诉及客诉处理数据进行分析，帮助广大消费者从行业的角度更全面地了解企业售后服务质量。

丁香医生：知识场景化！"健康+"营销之道

"聚焦院外健康场景，做健康生活方式向导"，秉持着这样的战略，丁香医生持续探索多元化健康场景，将"专业"趣味化、可视化。从"没毛病俱乐部"广州快闪，到与盒马鲜生联合打造"没毛病知食超市"，再到与迪卡侬联合推出"好动没毛病研究所"，丁香医生和越来越多的品牌玩儿起了跨界，也赋予了"没毛病"这一品牌符号越来越多的活力和价值，向大众传递着"没毛病"未来的无限可能性。

一、丁香医生 × 迪卡侬：运动养生，科学加成

"转了就是练了。""心里想瘦，嘴上享受。"当代年轻人，对于运动的热衷大多数只停留在意念层面，或者"运动五分钟，拍照两小时"。你有多久没有进行过一场酣畅淋漓的运动了？

为了拯救大家上半年攒下的秋膘，让身体科学的动起来。丁香医生联合迪卡侬打造全国首个大众运动健康主题快闪店——"好动没毛病研究所"，于 2020 年 9 月 17 日空降杭州。这是丁香医生没毛病俱乐部系列线下快闪店的第三站，继与盒马鲜生联合打造的"没毛病知食超市"之后，丁香医生牵手迪卡侬深入运动健康场景，将专业科学的健康科普知识与互动场景相结合，帮助好动爱好者给运动添加健康"buff"。

快闪店现场根据八种运动人群类别，分为八个专区，分别是大冒险家、极限玩家、氧气大使、控球大佬、最佳团宠、撸铁大 V、命中狂魔、划水冠军等，这些运动类别从人群的运动潜能出发，以"基因"命名，每个基因人群都代表 1 至 3 种同类型运动。消费者可以在游览的时候根据自己的喜好自由行走、选择，与自己喜爱的运动进行科学"对话"。

1. 研究员登陆

躺平的姿势千篇一律，好动的基因各有各的不同。在好动星人中，你是什么样的基因型呢？在"研究员登陆"站点选择匹配自己的基因型，开启好玩又刺激的挑战吧。

2. 好动基因挑战

"直角肩""天鹅臂""马甲线""蝴蝶背"……运动减脂不仅仅是体重秤上的数字，更是羡煞柠檬精的修身塑形。让好动来点"撸铁大 V 基因""老铁不如撸铁，让身材加 V 认证"。拍摄健美大片的那一刻，感觉运动之魂又熊熊燃起了。

让好动再来点"最佳团宠基因"。篮球的打开方式你能想到多少种？一边运球，一边躲避运动误区："运动后不喝水""忽略运动装备""运动前不热身""运动后不做拉伸""运动时间过长"，这些坏毛病你踩过雷吗？丢掉坏习惯基因，跟着团队一起赢！

"控得住球，更控得住场"，大佬值得尝试的挑战就在这里了。运动的"度"需要控制，球的角度也需要控制，找对精准的落球点，躲避运动 bug，了解避免运动损伤的硬核知识，你敢迎接挑战吗？

3. 涨姿势又涨知识

不同的运动有什么好处，如何运动才有效果，不同种类运动需要规避的误区是什么，老年人、大体重人群适合的运动有区别吗？这些知识你知道吗？

好动基因调查带领你解锁 20+ 种运动的"好动基因""毛病基因""CP 基因"，不同种类运动的好处、误区以及适合人群打包了解。

美食一时爽，累瘫健身房。"一个蛋挞＝8公里/小时跑步26分钟"，"1根烤肠＝跳绳11分钟"……看完之后，手里的奶茶瞬间不香了呢。

运动之后马上坐下屁股会变大吗？出汗可以排毒吗？运动一定要30分钟才能燃烧脂肪吗？你对运动的误解可能比你想象中要多。这次丁香医生一如既往地带来了专业的辟谣，知识量爆棚。

都说"管住嘴，迈开腿"，有时运动与饮食之间也有"love and peace"，吃饱了才有力气减肥也有科学道理呢。运动的舌尖拍档是什么？运动之后如何补充能量，避免脱水？怎样运动才是有效的？你能想到的，你想不到的，都能在这里发现。

"好动没毛病研究所"基于迪卡侬强势的线下商场运动场景及体验，结合丁香医生的大健康科学优势，对"运动健康"进行专业深度的场景化融合，吸引杭城甚至全国的运动爱好者，探索适合自己的运动健康知识，大力推广"科学运动健康生活"的理念。

健康+运动可以碰撞出这样的火花，其实在"好动没毛病研究所"之前，丁香医生就已经打造了沉浸式体验的健康饮食场景。

二、丁香医生×盒马鲜生：饮食有道，健康可靠

"没有不好的食材，只有不好的吃法"。吃是一门大学问，跟身体健康息息相关。如何吃得科学，吃得健康是人们关心的重要话题之一。

丁香医生携手盒马鲜生推出以健康饮食为主题的联名快闪店——没毛病知食超市，于2020年6月落地上海，用趣味的、场景化的互动玩法为大家提供健康饮食的科学解决方案。

"乐天知食分子""较真知食分子""世界和平知食分子""精打细算知食分子""特立独行知食分子"，"没毛病知食超市"以饮食习惯的差异，对人群进行划分，唤起不同人群的群体共鸣，充分调动了参与的兴趣。健康饮食小tips和辟谣知识随处可见，知识式的引导、类比式的提醒及各种调侃式的金句为购物场景增添了新的乐趣，让消费者在购物行为中学习到健康饮食小知识，感受到丁香医生专业性的同时，真正科学健康的做消费决策，形成了一个完整的体验闭环。

"0卡薯片"周边的推出更是打破了传统周边的形式。用黑科技

感包装，直击吃货"好吃不胖"的痛点，大大地激发了参与者的好奇心。同时，将饮食知识包装成"薯片"状的黄色卡片，给健康知识的沟通方式增加了新的脑洞和创意的玩法。

三、和丁香医生一起"高 FUN 养生，健康爆灯"

其实"没毛病"早在 2019 年 11 月就和大家见面了，第一个"没毛病俱乐部"线下快闪店落地于广州东方宝泰广场。自此，丁香医生开启了品牌健康知识场景化，打破线上壁垒，沉浸式体验，革新消费者沟通方式的新纪元。有趣味、有知识、有态度、有洞见的风格加满了消费者的好感度，引爆参与热情。

"奶茶续命少女""彩虹屁狂魔""熬夜卫冕冠军"，趣味化的人群画像极具洞察力，引发了年轻人对生活方式的共鸣。

"没毛病大富翁""上瘾膘局""让秋膘飞""扎心长廊""靓仔美容院""晚安调香室""夜晚关张"……将健康知识巧妙融入互动游戏，无论是饮食、睡眠还是变美、减肥，各个场景都有丁香医生做你专业靠谱、机智贴心的健康生活方式向导。

四、"健康 +"IP 赋能，场景化跨界玩儿不停

从"没毛病俱乐部"到"没毛病知食超市"再到"好动没毛病研究所"，丁香医生聚焦的院外健康生活场景，围绕"没毛病"的 IP 势

能不断延伸,将健康知识与更多生活场景相关的品牌发生化学反应,通过场景化的聚合,解锁更多的跨界姿势,探索更多元的健康场景解决方案。

1. 场景化塑造 IP,增强品牌立体感知

健康知识场景化的玩法是丁香医生 IP 塑造的绝佳方式之一。丁香医生围绕"没毛病俱乐部"这种快闪形式,将丁香医生优质内容与受众的日常生活场景相连接,通过沉浸式的互动体验,传递品牌的专业与活力。在这个过程中,原本单向度、扁平化、直线型的知识传播通过立体化、生活化的场景具象起来,大大激发了科学内容的传播影响力。

2. 趣味营造反差,让品牌更有活力

对于品牌来说,如何和受众打破沟通屏障,进行有效的传播,品牌形象的塑造十分重要。丁香医生通过场景趣味化,用脑洞搞怪的姿态给硬核科普带来反差萌。让专业内容的输出方式变得鲜活易懂又有趣,立刻拉近了与年轻人的距离。趣味文案、人群洞察、病毒视频、脑洞周边、直播探店,一系列有温度、有知识又有"网感"的玩法帮助触及年轻人的兴趣点,让品牌不断地展现出活力。

3. 激活健康社交,让用户成为传播者

此外,丁香医生充分挖掘年轻人对健康生活方式的需求和心理动机,将"健康"这一看似传统古板的话题转化为社交货币,让"健康"成为年轻人社交语境中一件又酷又潮的事,激活了年轻人的社交欲望和健康向往。让年轻人对丁香医生倡导的健康生活理念认同的同时也充分展示自我表达个性及主张，当用户成为自然传播者，品牌声量的裂变式增长就拥有了天然助力。

丁香医生的知识营销玩法还会有哪些脑洞？通过"健康+"的生活场景探索，"没毛病"系列在未来会有什么更加惊喜的跨界姿势和梦幻联动呢？让我们拭目以待吧。

京东：从旧习俗中寻找"新花young"

2018年2月，堪称营销界最热闹的一个月，春节期间，各大商家趁着这个促销档口推出了一系列的营销活动。要说春节营销最有年味儿的，还是数百度秒懂视频和京东进行的这场知识营销——从旧习俗中寻找新花young。

新春来临之际，秒懂视频联合京东，共同发起了#最有young新年俗#视频征集公益活动，希望通过这次活动用更年轻的方式将传统年俗传承下去。活动选取了小年、年货、祭灶、春联、拜年、年夜饭、压岁钱、门神、守岁、接财神、破五、元宵节这12个最具代表性的传统春节年俗词条，以它们为题向广大视频内容制作者发起号召。

此次活动的专家评审团除了百度、京东的相关专家之外，还特意邀请了一批95后来共同担任评审。最终，经过专家评审团从年俗解读、脑洞创意、画面美观等角度的深入评判，涂鸦工作室、二更、罐头视频、飞碟说、魔力 tv、意外艺术、柴知道 7 家机构获奖，罐头视频、二更、魔力 tv 更是因为超高播放量，获得现金红包奖励。

这 7 条活力满满的视频全网播放量超过 6000 万，获得百度 app 开屏、百度百科、百度经验、百度知道等百度知识体系的大量资源推荐，全网曝光资源超过 29 亿人次。在微博渠道，更是获得中国气象局、中国经济网、第一财经日报等媒体主动推荐。视频中，创意团队通过更年轻化的方式为观众讲述了年俗。

例如，飞碟说团队的视频就是在讲述一个由现代人不爱贴门神而引发的小故事，随着故事的逐渐展开，门神的历史和文化内涵也得以科普。

在意外艺术制作的年货视频里，他们先是抛出问题"在没有 wifi 和超市的古代，人们如何购买年货"，紧接着又讲述了北宋画家的货郎图以及年货的历史。历史交叉着现实的蒙太奇剪辑，让人不得不对创作者的脑洞啧啧称奇。

而在涂鸦工作室的破五视频中，他们更是开篇就摆出年轻人最爱调侃的"穷"，然后把破五习俗和发财愿景联系在一起，最后升华到守护亲情，勤劳工作。值得一提的是，与其他 6 家获奖机构不同，涂鸦工作室是一个在秒懂视频平台成长起来的知识短视频生产者，也是秒懂视频孵化的首个工作室，目前已经与秒懂视频签约。

这些入围视频不仅创意十足，而且营销到位，京东作为本次项目的联合举办方，通过在年俗科普短视频、趣味 H5 中植入京东 JOY 形象的方式，结合狗年与 JOY 形象的契合热点，进行知识营销。仔细看，北宋的货郎图被他们穿越植入了京东 JOY、在门神吵架时和迎接破五的家中，也都有京东的元素亮相。

2018年，百度打算把知识视频化进行到底。据了解，此次获奖的7支视频均为爱芝士生产者联盟成员制作。爱芝士生产者联盟是百度旗下首个精品知识视频内容生产者的联盟组织，旨在用短视频重新阐述知识，让用户获取知识更高效，更迅速。

为保障生产者的利益，构建良性的知识PGC生态，爱芝士为联盟成员为提供了丰富的权益和完善的利益分发机制。成员可以获得专属的线上线下曝光资源，与平台一起联合的市场营销推广机会，同时联盟成员可以优先获得8亿百度知识领域流量分发，畅享百度搜索、百度百科、百度经验、秒懂视频等百度知识领域平台内产品的精准词条推广流量。百度也会促成成员与更多大品牌客户的商业合作，形式更多样，合作更自由，分润更丰厚。

本次参与年俗营销的7家PGC，均获得了数十万的分润收入，以及超过千万次的自媒体品牌曝光。而对于京东来说，借助爱芝士生产者联盟这家MCN，才快速与多家头部知识短视频PGC建立联系，获得了高质营销短视频和精准流量。搭载爱芝士生产者联盟的共赢玩法，百度的知识视频化之路，未来可期。

淘民宿：信任成就超级用户

再来说笔者自己曾亲自操盘过的知识营销的案例，那就是在2015年到2019年创立了"淘民宿"民宿房东创业知识服务平台，此项目创建缘起于笔者从2014年开始，把自己的房屋作为共享民宿挂到AirBNB上进行经营，由于笔者的互联网运营经验，当年获得超赞房东，并作为中国区房东代表赴巴黎参加了2015年爱彼迎全球房东大会。在和全球房东的交流中发现民宿房东作为小微创业者，在当时信息交流渠道不足、创业商业知识匮乏和服务配套不可靠等痛点。而且各平台方也要一个相对有公信力的第三方渠道和房东群体进行沟通。因此笔者回国后就创立了淘民宿这个项目，将笔者个人的民宿运营经验共享出来对中国民宿房东群体进行赋能。

刚开始没有人也没有钱，淘民宿项目就用新媒体+民宿创业知识培训的纯线上创业知识服务模式开始在社交网络上发展用户。那时候据 AirDNA 统计整个中国地区大概有 2 万多房东，由于都处于政策的灰色地带，房东和房客、房东和邻里、房东和平台矛盾突出。淘民宿就为遇到困难的房东出谋划策，赢得了很多房东的信任和支持。有了核心用户，淘民宿就以点带面，团结一二线城市的头部房东，帮助他们把民宿做成功，为行业树立榜样，并为淘民宿的服务标准输出案例。

笔者用自己所拥有的民宿创业知识，并把知识作为商品，通过公众号对精准粉丝进行传播，通过如何开好民宿来激发新手房东来了解淘民宿社群。随着知识课程的期数增多，这部分民宿新手房东，在内心越发产生了认同感并开始关注淘民宿，成为其粉丝。笔者积极的使用微信群作为私域工具了解粉丝关注的话题，并就这些话题进行组织每周在线付费课程，实现和超级用户互动。

这些粉丝因为认同和追随，开始购买付费课程，并参加淘民宿组织的线下活动。粉丝对平台的信任，就是来自对平台带给他的利益和价值观的趋同，如果付费了，那么就会更加关注平台，同时也是一把无形的锁链，把粉丝和平台的产品和服务锁在了一起，与这些付费用户建立了长期关系。

淘民宿用通俗的语言把一些专业甚至高深的民宿商业知识转化为通俗易懂、简单易学的知识的讲解，让新入门的房东获得了一些自己不易懂、或没时间专门去阅读相关书籍中的知识，来帮助到自己，增加自己的知识，并通过视听，把淘民宿的知识转化为自己先验知识，以改善自己的思考、思想，改善工作、生活、学习状态等。

笔者创办的淘民宿房东创业平台，虽然从商业可以叫内容付费模式，但是其营销运营过程，依然是运用了知识营销中兴趣、认同、互动、成本、风险、通路、关系这些要素。可以看到知识源是产品的售卖者，知识的接收者是消费者。消费者从开始是一个完全的知识容器，只接纳形式知识，然后通过学习过程转化为自己的先验知识，从而让自身获益。

淘民宿在共享民宿 1.0 时代期间，用自媒体方式在 2014–2019 年 5 年间，发展民宿房东和品牌用户 30 万，获得途家网投资意向（TS）和 AirBNB 中国签约咨询顾问。作为 AirBNB 全球房东大会中国首批赴巴黎超赞房东，五年创业期间淘民宿社媒拥有中国 30 万民宿房东粉丝，发行民宿专业杂志《房主》5 万册，线下房东活动 100 余场，组织与上海交大合作《民宿总裁培训班》10 次，民宿网络付费课程 100 余节。

淘民宿参与编写了中国首个民宿标准制定和行业白皮书，做了中国第一个民宿集群招商，第一个民宿商学院，第一个民宿社群电商销售模式，而且所有行业头部平台都建立了合作关系，和 AirBNB 战略咨询、美团榛果线下培训，以及携程途家年度公关任务。据第三方数据平台 AirDNA 的统计，在房源积聚爆发的 2016 年，淘民宿服务的平台房东，在专业度和好评度比 2015 年提升了 8 个百分点。

任何一个产品和服务，实质上是利用知识力量打造而成，没有知识也就不可能成就产品或服务。因此企业的产品和服务，是以知识为源头。因此企业本身也就是一个知识的聚合体。从产品和服务的研发开始，到产品和服务的营销推广，最终到消费者手中，知识一直在发挥着作用。